破解家庭教育的迷局

赵豪 爱加 著

吉林出版集团股份有限公司
全国百佳图书出版单位

图书在版编目（CIP）数据

破解家庭教育的迷局 / 赵豪, 爱加著. -- 长春：吉林出版集团股份有限公司, 2022.10（2023.12重印）
ISBN 978-7-5731-2585-9

Ⅰ. ①破… Ⅱ. ①赵… ②爱… Ⅲ. ①儿童教育－家庭教育－研究 Ⅳ. ①G782

中国版本图书馆CIP数据核字（2022）第195445号

破解家庭教育的迷局

POJIE JIATING JIAOYU DE MIJU

著　　者　赵　豪　　爱　加
责任编辑　尤　雷
开　　本　710mm × 1000mm　1/16
印　　张　19.5
字　　数　180千字
版　　次　2022年10月第1版
印　　次　2023年12月第2次印刷
出　　版　吉林出版集团股份有限公司
发　　行　吉林音像出版社有限责任公司
（吉林省长春市南关区福祉大路5788号）
电　　话　0431-81629667
印　　刷　三河市双升印务有限公司
ISBN 978-7-5731-2585-9　　定　　价　58.00元

序言

2020无疑是一个具有重要意义的标记性年份。人类的生活遭遇了前所未有的挑战，许多传承了成百上千年的习俗也正在改变。

然而，无论世界如何改变，有一个人类生存的基本单位永远不会改变，那就是——家庭。古语有云："天下之本在家。"家庭是人生的第一个课堂，父母是孩子的第一任老师。

我们的家庭应当成为爱的传输机，把正能量向下向上、向左向右传递。家庭稳固了，下一代才能健康成长，老年人才能老有所养，全社会才能安定发展。

本书实录了一名经验丰富的家庭教育专家与一名业内记者的对话。对话涉及经典案例、辅导手记及实战指导，可以帮助父母把学习到的家庭教育理论更好地运用到实践当中，帮助父母成长为合格的父母，培养出身心健康的孩子，为祖国培养出有好品格、有责任感、愿意积极奉献的接班人。

孩子是家庭的未来，也是社会的未来。从现在起构建更积极健康的家庭，就是给孩子、给我们自己、给全社会一个美好的未来。

儿童希望救助基金会为赵豪颁发感谢证书

做客爱奇艺教育频道

指导直播间的搭建

讲课马上开始

参加著名主持人寇乃馨主持的教育节目

儿童希望明德班开学第一课

赵豪女儿曦曦

准备晚餐的赵豪

一家三口，左为赵豪妻子小娟

推荐序一

我和赵豪老师一起帮助过处于困境中的儿童，我敬佩于他的勤勉、敬业，他对儿童保护工作的投入是不遗余力的。非常高兴他愿意把多年累积的经验写出来，把宝贵的信息传递给社会，让更多人可以因此得益。

《中华人民共和国未成年人保护法》的实施使儿童保护工作达到了一个新的高度。希望此书能给老师、父母以及每一个愿意参与儿童保护的人以帮助，让我们大家一起筑建起保护全社会儿童的安全屏障。

河南省儿童希望救助基金会副理事长

王志军

推荐序二

作为一个母亲，我深知家庭教育对孩子成长的重要性。每一个健康成长的孩子，又对社会和国家的健康发展极其重要。

赵豪老师长期致力于少年儿童权益保护、家庭关系和亲子关系教育，拥有丰富的教育和实践经验。

少年儿童权益保护和家庭教育应该是全社会长期关注的领域，希望此书能给读者带来有益的思考与启发，让我们共同守护好孩子的健康，助力家庭幸福，为共建和谐社会贡献力量！

北京市安定门街道商会秘书长

北京海纳新天文化传播有限公司董事长

胡秀梅

推荐序三　从迷局中突围，在阳光里舞蹈

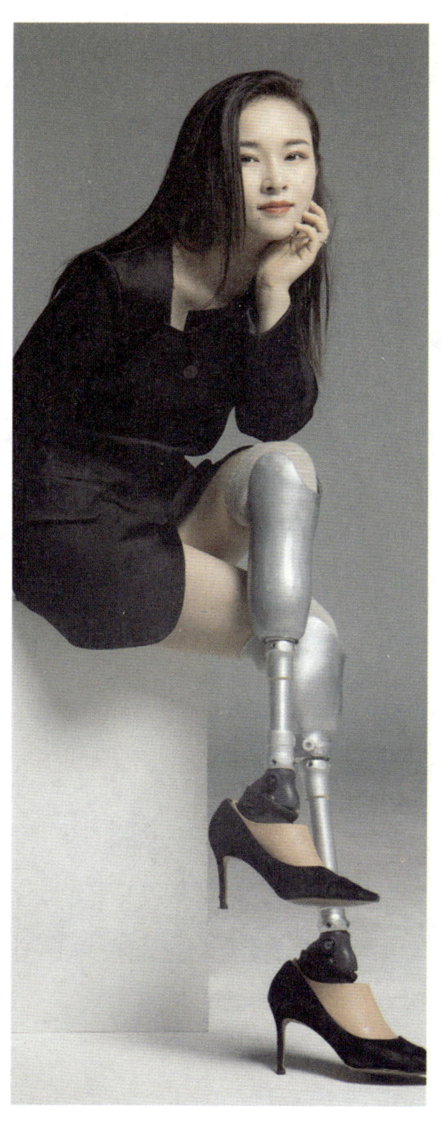

我是一个从废墟中站立起来、用生命跳舞的人。我觉得赵豪老师也是。

从第一次见面，我们在昆明的公益活动上同台演讲，到后面在同一小组中彼此分享人生经历，再到两个家庭越来越熟悉，大人聊在一起，孩子玩在一起，以至于此刻为他的书写序的时候，我仿佛在向外人推荐家里的兄长。想起他来，我的心里满是安稳温暖的感觉。

赵豪老师身上有一股子儒雅之气，他待人温柔谦和，我每次和他相见，虽称“老师”，却丝毫没有压迫感，他允许人在他面前自由地做自己，哪怕如我这般有些自己的小性子、有些口无遮拦的，他也总是笑眯眯地看着，再在一些重要的事上娓娓讲出自己的观点，既包容了他人又稳稳地站住自己的立场，这大概就是男子汉的胸襟。当他和太太、女儿在一起的时候，一家人的脸上都呈现出一种对生活感恩知足的神情，这恐怕是当今社会最难得

的东西。

说起家庭教育，赵豪老师自然是有话语权的，比起那些仅仅站在台上讲道理的人，他是用自己的人生展示了男性在家庭中应该扮演的重要角色。赵老师的妻子因身体疾患承受着外人难以想象的痛苦和压力，无论旁人如何给予同情及帮助，能真正和她共同分担这一切的只有赵豪老师。他们夫妻俩面对着比普通家庭更大的压力和挑战，日复一日年复一年，同心合意地经营婚姻、养育孩子，一同感受人生旅程中的淅沥小雨和滂沱大雨，也一同欣赏每一次雨后的彩虹。

长时间的疾病缠绕，使夫妻俩的眼光里藏着星星点点的破碎，但是从这破碎里，却能让人看见力量、智慧和更新，这是鲜活的、更有生机的生命。赵豪老师在婚姻家庭中亲身实践出来的道路，是更有血有肉有盼望的道路，也更能与读者产生连接与共鸣。

当今社会，很多女性在家庭教育的“战场”上孤军奋战，身受重压，倍感无奈。男性在高谈阔论职场、政治、投资的同时，是否也应该参与进来，讨论并实践家庭教育？

我很兴奋地看到赵豪老师站出来分享如何破解家庭教育的迷局。他站出来发出的声音或许能使更多男性看见男性不应该只有一种形象——在职场上挥洒自如，也可以关注妻子、孩子的需要和感受，也可以积极地参与家庭教育，也可以投身保护儿童免受侵害的行列，也可以享受亲密关系，也可以在家庭中成为更为担当的人。

赵豪老师做事向来认真、用心，他能够拿出来给人的，一定是精心预备好的惊喜。我相信这也是作者的心愿：愿更多家庭从迷局中突围，在阳光下舞蹈！

从废墟中走出的生命舞者 廖智

推荐序四

在内卷越来越严重的当下，婚姻家庭、子女养育的问题和矛盾已经严重影响了人们的幸福感。赵豪先生通过与记者的对话，将自己的亲身经历毫无保留地分享给了读者。这里没有说教，更没有论断，而是用一个个故事去启发人们对现有生活进行思考。如果你也正遭遇困惑，甚至想要放弃，也许这本书会是一道微光，帮你跑起来，让你看到希望。

电视节目主持人、
牛津大学社会学系研究生 冯小凯

推荐序五

这届父母太难了，在危机与挑战并存的时代里经受了求学、就业、成家的层层考验，跌跌撞撞地扛下了“无证上岗”的父母角色，为事业、家庭拼尽全力，却依然带不好那个娃。这不是学无止境的“又一套育儿书”，而是作者以鲜活的案例与我们对话。愿你也能从他们的故事里找到崭新的希望。

妈妈成长导师、儿童教育规划师

四宝妈 祝平安

目 录

PART ❶ 婚姻，不能按套路出牌

PART 2.1 孩子怎么了?

PART 2.2 孩子的每个成长阶段

PART 3 保护儿童远离性侵害

家庭教育的核心是孩子，还是婚姻？

PART 1 婚姻

婚姻，不能按套路出牌

最正确的投资

曾经看过家庭教育专家赵豪先生的妻子写的一篇文章，题目叫《最成功的投资人》。文中描写了他们夫妻惊心动魄的婚姻旅程：大学浪漫相爱，毕业后走进婚姻殿堂，携手北漂创业。没想到的是，他们婚礼上的誓言——无论富贵贫贱、疾病失业，除非死亡，什么也不能将我们分开……竟成了现实中他们婚姻之路所经历的一切。

婚后不久，赵豪先生的妻子即患免疫系统疾病，浑身疼痛，不能做家务，不能工作，严重时无法自己梳头、刷牙、吃饭……望着年轻的妻子所受的痛苦，那个也曾年少轻狂的大男孩义无反顾地挑起了家庭所有的重担。上班前要给妻子预备好一天的饭，回家后包揽所有家务，还要带妻子四处求医……从来不会做饭的赵豪先生，竟然能熟练地蒸好一锅包子，让妻子独自在家时可以方便就餐。

妻子写道，嫁给赵豪先生是她一生最正确的投资。而对于赵豪先生来讲，婚姻中的艰辛与挑战，也成为他生命中宝贵的财富，在他以后辅导各种婚姻出现危机的家庭时有了更多的同理心与感知。他深知婚姻不易，更深知爱从不失败。

感恩的是，他们在妻子难得的病情缓和期有了一个健康可爱的女儿。如今他们的女儿已经8岁，成为夫妻两人最大的安慰。每每看到孩子天真的笑脸，他们都会觉得经历的一切很值得，因为生命在延续。同时，赵豪先生也把他的经历结合在专业咨询与授课中，为许多家庭带去了祝福。

本书是记者与赵豪先生的访谈对话，书中提及了许多经典案例和辅导经过，相信对于读者来说，会是一份非同寻常的礼物与宝贵的祝福。

悉心经营你的婚姻和家庭，绝对是你一生中最正确的投资。

你也有可能沦陷

记者：可以讲讲您的婚姻和家庭吗？

赵豪：很多人都知道我妻子的疾病。她患类风湿，发病十多年，时好时坏，严重时不能自己刷牙、吃饭。我们婚后没多久，她的病情就出现了。本来我们一直不敢要孩子，但感恩的是，有一段时间我妻子的病情大大缓和，好像是上天特意要趁着这个时间给我们一个孩子。现在我们的女儿8岁了，一看到她，我的心里就充满了欢乐与安慰。

我女儿2岁左右时，妻子的病情再度复发，到现在还需服药维持。有个朋友一看见我就跟我说："赵老师，你知道吗？看到你脸上还有真实的笑容，我的内心就好像有了力量。以你家庭的情况你还有欢乐，还能去帮助别人，这是个奇迹啊！”其实，我也是个很软弱的人，遇到困难也会慌张，但能平安地度过，并在这个过程中不断成长，我觉得也真是奇迹。

我出生在农村，家里面弟兄两个，我上初中之后离开家，到外面去上学。我家是个大家庭，从小家里不让我干活，就是读书，大学毕业时我筷子都用不好，一直用勺子。我记得在家时每次吃饭都有很多人，大人忙活着做，端饭上桌，我们小孩子就等着吃。所以我不会做饭，也不会洗衣服，什么都做不好。

我读的是师范院校，毕业之后去中学当老师，但是我那时特别不喜欢当老师，觉得没什么发展，想要做点大事，于是我放弃了稳定的工作，北漂到了北京。

我进入了梦寐以求的中国传媒大学进修，学习影视制作。我小时候就喜欢看电视，梦想能看个够，没人管我。果真，我名正言顺地做起了电视、电影，还做了很多年的儿童电视节目。

做儿童节目的时候，我接触到不少支离破碎的家庭、孤独受伤的孩子，加上我自己的婚姻家庭经历，就又慢慢回到了教育领域。本来我特别不喜欢别人叫我老师，可现在还是成了老师。

现在，我非常享受自己的职业，不在于这个职业能挣多少钱、有多大的发展，而是因为我自己经历过破碎，体会过伤心，我觉得能够帮助其他家庭从痛苦中走出来，是一件特别有意义的事。

记者：许多人觉得结婚生子是自然之事，不学也照样过，对此您怎么看？

赵豪：很多人觉得婚姻和育儿，可学可不学，该结婚结婚，该生子生子，到时候孩子交给学校就好了，所以不是很重视。但我越来越觉得这些都是需要学习的，我们不可能天生就会做丈夫、做妻子、做父母。

许多专家学者都在研究，在诸多社会问题、人的问题背后，有没有一个共同的成因？结果发现，许多棘手问题的背后，都隐藏着家庭的问题，许多人的问题总是能追溯到原生家庭，所以家庭教育是非常重要的。为什么一些孩子长大之后，会有很多奇奇怪怪的想法？为什么会有人要去侵犯和践踏他人的尊严？这些都可以追溯到家庭和成长。

再来看一下对婚姻状况的调查。近10年间中国离婚率快速增长，疫情更是点燃了许多家庭的隐性矛盾。

记者：有人可能觉得，哪儿有那么糟？反正我家不会那样，我的孩子不会那样。

赵豪：我们所有的家庭都会受到周围环境的影响。有人说，我不会受影响。你也别太自信，从心理学角度来讲，你现在不会，是因为环境给你的诱惑力不够大，所以你还没有动摇。马克思在《资本论》里讲到过，如果利润达到200%—300%的时候，人是能铤而走险的。说回婚姻，如果外界诱惑足够大时，你就不一定站立得住了。

有个搞笑视频，说一个出租车司机特别困，有人对他说："师傅拉我一趟，行不？"他说："不去，困得不行。"对方说："我给你100块钱走一趟，帮帮忙吧。"司机说："不行不行，要睡觉。"对方说："大不了我给你300……"话没说完司机就坐直了身子，然后招呼他上车了。

你不要说你很坚强，我们每个人都是软弱的，所以千万别夸口。但软弱是不是完全不好呢？也不是。软弱也有用处，就是你可以求助。当你受了帮助坚强起来，你也可以去帮助那些还在软弱里的人。这样一看，缺点和软弱也能使人与人之间互相扶助，互相鼓励，这就是好事。

记者：那我们应该怎样保护我们的婚姻和家庭，避免受到诱惑与不良影响呢?

赵豪：既然我们知道自己是软弱的，受不了诱惑，就千万不要把自己放到充满诱惑的环境当中去。比如一个丈夫，因工作原因认识了一个女孩子，非工作时间被女孩子邀请去酒吧喝酒。去不去？如果这个丈夫正处于夫妻长期两地分居的状态，他经得住诱惑吗？

我有一次出差，一个人住在酒店。这还是个四星级的酒店，一般很少有发小广告的。我吃完饭下楼散散步，然后就上去处理工作了。差不多晚上快十点的样子，有人敲门，我还纳闷会是谁呢？

打开门一看，是一位女士，我第一反应是她走错门了。我说：“你找谁？走错门了吧？”她说：“是不是你打电话让我过来的？”我说：“没有啊。”她说：“你肯定打了，你要不打电话我怎么能找到你这个门？”我说：“我真是没有，抱歉你真走错房间了。”可是说着她就走进屋里面来了。

我明白了。当时的环境有没有诱惑？我是一个独自外出的男性，并非主动，谁也不认识我……总之我有各种各样的理由。

我做了一个决定，她走进房间的时候，我就出来了，站在楼道里。我说：“请你离开，你走错了。”后来聊了几句之后，她可能也觉得没啥意思，就说了句“抱歉，可能是我走错了”，然后就离开了。

我坚强吗？不，我一样软弱。但我离开了那个房间，这是一个关键。我们千万不要去试探人性，否则会沦陷的。

赢了还是输了？

记者：既然环境如此，我们能做什么呢？

赵豪：这是个好问题。也有人问过我：“赵老师，你这样全国各地跑，你觉得这种努力会产生多大的影响呢？”我说：“有没有影响我不知道，但这是我的责任。”我做的就像一个小朋友看到满沙滩在退潮时被搁浅的海星，就一个一个拿着海星往海里面扔。有人说：“你这孩子真傻，满沙滩的海星你能扔进去多少？”孩子说：“我也不知道我能救几个海星，但我知道我手里的海星得救了。”然后他就使劲儿地把海星扔到大海里面去。我觉得我们做的也类似，可能看起来微不足道，但自己的家庭、周边的家庭改变了，这就值得。

其实经营婚姻，不只是处理好一个关系，还会让我们的人生有更深刻的体验。婚姻关系是最亲密的关系，也是最艰难的关系，我们在婚姻关系中可以学习到很多，比如忍耐、舍己的爱，这不是给对方好处，是让自己变得更好。

所以我们每个人，从自己开始，能做很多事去改善身边的环境，比如保护你的家。当代家庭，除了面临来自婚姻内部的挑战，还有来自外界的挑战。家庭暴力、子女教育、职业发展……“外忧内患”会导致家庭功能失调。

美国前总统小布什曾经问家庭教育专家麦道卫博士：“你觉得现在美国最大的危机是什么？”麦道卫博士想了想说：“美国最大的危机是父亲们没有尽责。”这个危机不只在美国，也在中国，甚至全世界任何一个国家。

我听到过不少妻子抱怨丈夫结了婚之后什么家务都不干，工作之余就是玩。女人们也要上班，回家还要照顾孩子，做家务。当一个丈夫没有尽到全责，妻子极度疲劳时情绪就不会好，丈夫觉得自己工作养家还被唠叨，也烦透了。

这些看起来是日常琐事，但不去突破、去改变，就会被它淹没。

记者：许多夫妻似乎并不愿意去改变，而是选择向对方说再见。

赵豪：对，这成了许多夫妻的选择。从数据上看，2017年上半年我国结婚558万对，同时有185万对离婚。在全国的离婚纠纷中，63%的判决结果为双方继续维持婚姻关系，只有37%被判决离婚。从这个数据能看出什么？

63%的夫妻经过调解之后，夫妻间有一些问题是可以沟通解决的。夫妻双方如果早一些改变互动模式，就可以早避免一些冲突，不是非要闹到法庭上去的。另外，虽然有许多夫妻经过调解没有离婚，但他们的婚姻已经摇摇欲坠。

整个社会都在努力改变这一状况，但要想从根本上解决问题，还得回到家庭的核心，回到夫妻二人。婚姻到底是什么？彼此有何承诺？男人要承担什么责任？女人应该做好什么家庭角色？这些对于家庭的重建都是非常重要的问题。

婚姻中确实很难讲道理，说清楚谁对谁错。如果非得说清楚，可能感情就没了。有人找我做辅导："赵老师，今天你就得告诉我，到底我俩谁对。"我说："好，今天我可以对你举双手赞成，也可以把他臭骂一顿，最后他也承认自己错了，然后呢？你想要什么？他说完'都是你对'，可能就会加上一句'咱去把婚离了吧'！"

赢了对错，但却要输掉婚姻。其实很多事都是这样，谁都想赢，可赢了又怎么样呢？失去了对方的心，其实是输得更惨，什么都失去了，对吧？ 所以在婚姻当中、在家庭当中，聪明人不是看自己是不是赢了，而是看家庭是不是赢了，这才是最重要的。

记者：因为觉得结婚太麻烦，所以很多年轻人选择同居，而不是结婚，对此您怎么看?

赵豪：是的，2020年民政部公布的数字上了微博热搜，我国年轻人结婚率创17年来新低，单身成年人口超过2.6亿。年轻人不结婚，但对性的看法却越来越开放。据腾讯的调查数据显示，90%以上的人能接受婚前性行为，而接受交往后一个月内发生性关系的人更是超过1/4。

婚前同居现在已经是普遍的社会现象。在大学里，越来越多的情侣选择租房子住，大家都喜欢品尝两性关系的甜蜜美好，却不愿意承担太多的责任。

我认识一个小伙子，他在大学里没有谈对象，班主任和他聊天的时候问他：“哪个是你女朋友呀？怎么没看见你成双入对的？”小伙子说：“老师，我没有谈对象。”老师说：“你不用瞒着我，谈了就谈了，没啥不好意思。”

小伙子说：“我真没谈对象，我想在学校里面还是好好学习，将来该找对象的时候再找对象。”班主任听他这么说，目光里流露出一丝怀疑，好像这小伙子不谈对象不正常。这就是现在年轻人所处的环境。

在接受婚前同居的人当中，51.3%的人觉得婚前同居可以更深入地了解对方，41.8%的人认为要看情况，如果很喜欢对方是可以接受婚前同居的。

凡是选择同居而不是结婚的人，都觉得双方合适就在一起，不合适就分开。如果仍然以这样的心态进入婚姻，无疑使婚姻更加困难重重。我们要保卫婚姻、保卫家庭，确实有太多需要从里到外的改变。

离婚，还是继续？

记者：有些人会说“妻子如衣裳”，好像父母、孩子都不能换，但妻子是可以换的，您怎么看待这种观念？

赵豪：相当多的人会把父母、孩子放在配偶之前，有的男性结婚了还是凡事都要问妈妈该怎么办，就是人们常说的“妈宝男”。女性结婚最怕遇到妈宝男，我前段时间辅导过的两对夫妻都是这样的，丈夫什么事情都要和妈妈商量，妻子快崩溃了。

但这样的排序真的是明智的吗？人要真正成熟，就要心理脱乳，在自己的家庭当中承担起责任，而不是继续依赖父母。把妻子放在父母与孩子之前，其实能够更好地孝敬父母，也能增加孩子的安全感。

结婚是人生中的大事，但很多人都是稀里糊涂地走进去，一身伤痕地走出来。恋爱、结婚，走一步看一步，跟着感觉走，拉着梦的手，没什么标准，别人怎么样咱也怎么样。到了结婚年龄，人家找对象咱也找，看人家抱着孩子出来了，咱也要一个。

对婚姻一头雾水，对教育孩子也是一头雾水。看到人家当父母的骂孩子，咱也得骂几句，不骂几句，孩子怎么能长大？一会儿看人家宠孩子了，自己也把孩子宠得不得了，想要啥给啥。我记得一个爸爸拍着胸脯对他的孩子说："儿子你放心，你永远是富二代，什么也不用担心！"其实他家里没多少钱，却让孩子养成了花钱大手大脚的习惯。他说："我就是要培养我孩子的富人心态。"我们在这里姑且不讨论富人心态的意义，这种打肿脸充胖子的培养方式会把孩子惯得不成样子，将来这个孩子会吃大亏的。

不管别人怎样，我们每个人都要有自己的坚持，这种坚持是通过不断学习和成长获得的。

记者：说到坚持，当下的快速发展在很多方面已经挑战了传统观

念，人们常常会产生疑问，我坚持得对吗？

赵豪：动摇既是因为挑战大，也是因为内心缺少一份笃定与执着。以同性恋和跨性别为例，有些国家已将其确定为合法，有些国家依然遵循传统的伦理。有人问美国总统拜登："一个6岁的孩子想变性，父母干涉你怎么看？"拜登当时就说父母是违法的，违反了民权，一个6岁的孩子，他想变性，我们就应该去尊重他。这是美国人的选择。

做父母的都有可能面对这样的情况，如果你的孩子的性选择和你不同，你抱什么样的态度？其实你的态度在孩子很小的时候就开始影响他了。这是挑战也是机会，你必须要重新审视你的价值观和信念，什么是你要坚持的，什么是你要放弃的。

还有家暴，现在比我们想象的要更为严重。大部分是男性家暴女性，也有女性家暴男性。很多女性在遭遇家暴时会选择隐忍，觉得不是啥光彩的事，就不说出去，所以没人知道。

面对家暴，要做什么样的选择？是离婚还是继续忍耐？无论做出哪种选择都是非常大的挑战。有一种情况，是女性把家暴的情况隐瞒起来，因为一旦说出去，她可能会遭遇更严重的家暴。我记得我曾经看过一个短视频，讲的是一个女性在大街上被她的丈夫家暴，有几个男性路人上去劝解，把女性保护起来，不让她丈夫再施暴。之后这个女性遭到了更严重的家暴，丈夫扬言："不是在外面有人替你说话吗？我在家里打死你，看谁能帮你！"

家暴是一个很复杂的问题，当然也有一些是丈夫有一定程度的精神疾病，这个话题后面可以探讨。

记者：女性遇到家庭暴力，离婚是明智之举吗？

赵豪：我觉得如果发生家暴的话，先沟通，接受辅导，如果施暴方没有改变，另一方要保护好自己，可以暂时分开。还有一种冷暴力，两个人谁都不理谁，谁也不关心谁，这也算是家庭暴力，无法协调时，婚姻也等于是名存实亡了。还有就是外遇，一方不断出轨，无法挽回，婚姻也等于是破碎了。

当然具体情况还要具体分析，不能一概而论。有的情况下是可以修补的，有的情况下确实覆水难收。

我讲一个实际案例。有一位女士，她和她丈夫结婚有十多年的时间。当初结婚的时候男方的父母不同意，丈夫对她也是各种瞧不起，但是因为住在一起了，就凑合着结了婚。

她丈夫有点不务正业，喜欢吃喝玩乐，但长得比较帅，所以这位女士就喜欢他、包容他，甚至他出去找小姐都能接受。后来，丈夫开始做生意，做啥赔啥，妻子上班挣一点儿钱，帮丈夫还债。

后来他们有了孩子，公公婆婆也帮着他们带孩子，但总是冷言冷语地说："我儿子怎么这么倒霉娶了你，学历不高，长得不好看，干啥都不行。"这位女士就一直忍一直忍，她丈夫到处拈花惹草，不知道和多少女性发生了关系。

后来她丈夫和别的女人在外面生了孩子，常年不回家，这种生活状态持续了几年，她还是一直想挽回，想尽各种办法，但丈夫一直没有意愿回转。

我问这位女士："有没有跟你的丈夫坦诚交流过？"她说："没有，不敢说。"我问她为什么不敢？她说："我一想说的时候，丈夫就说别说了，我就吓得不得了，不敢吭声了。"我问她："他打过你吗？"她说："目前还没有，但随时都可能，因为他是很凶悍的男人。"

你觉得这位女士该不该离婚？我觉得她可以选择离婚，但是她自己不愿意，还想挽回。

有没有最终的等候有了结果，对方终于回心转意的呢？也是有的，但情况不可一概而论。人心是很复杂的，只有当事人最清楚，没有一个不变的处理标准，要根据自己的情况选择最适合的方式。

咨询师不会给明确的建议，这是个人的选择，具体情况也要具体分析。如果铁了心要离，劝也没有用。如果就想等，别人的建议也仅是做参考而已，不能勉强。

所以每个人有每个人的想法和选择，但有一点，就是在危险的情况下，一定要暂时分开。比如丈夫天天在家磨刀，妻子就必须要出去躲避，不要把自己暴露在危险中。家暴时人是很冲动的，什么都干得出来，有些妻子即死于家暴。

有一个女性常被家暴，有一次被打了之后逃回娘家，过了几天丈夫去接她，说："我以后再不打你了。"这个女性其实是不想回去的，因为已经屡次被打，而且对方下手很重，都是往死里打，但是家里人都劝她，丈夫又说好话，她虽然不愿意又没办法，就回去了。几天之后传来消息，她被丈夫打死了。

所以一定要和好，一定要忍耐吗？不能盲目地去做判断，但一定不要让自己陷在危险里。

这个案例也是一名女性，她被丈夫冷暴力对待，怀孕期间就开始抑郁了。抑郁使丈夫更加冷漠，而冷暴力又加剧了她的抑郁症。

孩子生下之后，她的抑郁症已是特别严重，医生给她开了药，她吃了药病情得以稳定。后来她丈夫知道了，很生气，觉得她丢脸，就把她的药给扔了。结果她的病情越来越严重，最后就跟要疯了一样。

有一天她想起多年前听过我的课，就加了我的微信，说："赵老师救救我，我实在是活不下去了。"她跟我讲自己的经历，我听着都流眼泪。后来我们就慢慢跟她丈夫讲，要相信医学，抑郁症是一种疾病，到了一定程度是要服药的，她丈夫渐渐也接受了我们的建议，她才得以继续服药。

不要按套路出牌

记者：很多夫妻吵架，都是各说各的理，可越想要说服对方，越会激发出更大的矛盾。难道讲理有错吗？

赵豪：在外面要讲理，在家里要讲爱，不要按套路出牌。

有个朋友跟我说："赵老师，我老婆老批评我，好像我啥都弄不好，真郁闷！"我说："那你怎么说？"他说："我说我哪儿不好了？"我接着问他："然后她又说什么？"他说："她说你还嘴硬！"

争辩有用吗？没用。争辩并不能使关系变好，因为谁也说服不了谁。我妻子以前也老说我这不行那不行，一开始我也跟她争，但是争的结果是双方都不高兴。后来我从另一个朋友身上学到了诀窍，当他面对别人的攻击时，并不反驳，反而诚恳地说：“你说得对，我错了，我改。”结果对方倒不再说什么了。

我们每个人都有缺点，争辩并不能使我们变得更好，而当我们承认自己有问题，承认自己需要成长，这个问题就解决了。

这个似乎有点不按套路出牌，但却是争执的解决之道，尤其是夫妻之间。夫妻习惯于盯着对方的毛病，都想改造对方，但这样做肯定徒劳无功。如果我们都把眼光转向自己，着眼于自己如何改变，事情就变得顺了。

记者：夫妻两人要是老争论谁对谁错，生活就太累了，会变得非常乏味。

赵豪：婚姻是最痛苦也是最亲密的一种关系。伤害我们最深的人是谁？就是自己的配偶。朋友伤害了你，大不了离他远点；同事伤害了你，充其量换个公司。但是家庭不行，你每天都要回去，面对你的配偶，一起生活，可能你们还有共同的孩子。举个例子，好比我在公司里受到了很大的委屈，特别痛苦，回到家之后我媳妇跟我说：“我觉得你是最棒的，你肯定行，他们说的都不算！”我这腰杆立刻就直了，觉得有力气了，对吧？

但是如果说你今天在公司被领导表扬了，高兴得不得了，回去你媳妇却轻蔑地说："这你就乐得屁颠屁颠了？"你顿时就泄气了。配偶的话是很有杀伤力的，对你的影响非常大。

记者：其实想一想也挺奇特的，两个原本不认识的人，会同床共枕、携手一生。

赵豪：男人和女人结合在一起过日子，本来就很神奇。你看两个完全不同的人，性格不同，来自不同的家庭，思维模式不同，特质不同，一个理性一个感性，一个粗犷一个细腻……如果是朋友或同事的话，你喜欢和你相像的人在一起，没有人会说："咱俩真不一样，太适合一起工作了！"可是许多夫妻俩完全不一样，但却互相吸引。

男女搭配干活不累，不一样的人还要在一起搭配干活，多奇妙啊！所以我们要学会认识配偶、爱配偶，这既是苦事儿、难事儿，却又是美事儿。

我们结婚的时候会憧憬什么？天长地久，地老天荒，但往往还没过几天，我们的激情就被柴米油盐磨灭了。

和妻子一起携手共度生命河

一对老夫妻庆祝结婚60年，重孙子问老奶奶一个问题："60年可是很长的时间，你在那么多年里没有想过离婚吗？"老奶奶想了想说："离婚？从来没有，谋杀的念头，倒有过几回。"

相爱的夫妻也会有很多的矛盾，我们需要学习怎么去彼此了解、彼此相爱，更好地去经营婚姻。婚姻为什么需要去经营呢？好比经营公司，天天在家睡大觉，公司肯定做不好，婚姻也是一样的。

要开车，先要学车；想做蛋糕，先要学做蛋糕。婚姻是人生中至关重要的一件大事，可有多少人愿意为婚姻去学习、为家庭去学习？

有一首歌大意是"办个结婚证只需要5块钱，就这么过一辈子"，其实不是那么回事，婚姻是可以经营得好的。老一辈的婚姻不少是凑合着过的，但我们希望婚姻是美好甜蜜的。如果婚姻是痛苦的，那这一辈子该有多痛苦呀！本来可以过得好一些，为啥要过得一塌糊涂？所以我们需要去学习、去经营，使婚姻生活更幸福。

婚姻的算式：1+1=1

记者：人们匆匆进入婚姻，又匆匆离开，可能很少有人认真去想婚姻背后的那些东西。到底什么是美好婚姻的基石呢？

赵豪：美好婚姻不是天然形成的，欲洞察婚姻的奥秘，要先明白婚姻的目的。结婚是为了让对方来讨好我吗？找一个人来养着我？找一个人来像妈一样照顾我？我们要清楚婚姻到底是什么，如果我们抱着一种错误的心态进入婚姻，那也会很快抱着一种错误的心态离开婚姻，特别是在今天这个时代，进入婚姻快，离开也快。

好的婚姻，一定要活出精彩和甜蜜，不能凑合着过。我曾经做过一个辅导，一位受过很好教育的女孩子，人长得也很漂亮，却嫁了一个“大老粗”，两人完全没有共同语言。

女孩子很痛苦，后来还得了抑郁症。我问她：“为什么你当初要和他结婚？”她说是因为她妈逼着她嫁给这个男的，因为男的这一家有钱，她妈跟她说：“啥爱不爱的，你到了妈这个年龄就知道了，爱不爱都是废话，找个有钱的，吃好喝好住好，这一辈子你就幸福。”

这个女孩子就这么嫁了，过了很多年，她觉得她妈说的真的不对，人活着真的不是光吃好喝好。我跟她说：“你母亲那个时代物资匮乏，所以他们追求的目标就是吃好喝好，如果嫁给一个男的，能让自己吃好喝好，你母亲觉得那就够了。”

但是，人不仅仅是为了吃喝而活，还有更高级的追求。比如说夫妻双方要有共同语言，要聊得来，对吧？你爱我，我爱你，两人才有说不完的话。一个女孩对生活充满了憧憬，为了钱把自己嫁出去，却活在痛苦之中，别扭不别扭？

我们憧憬的爱情是甜蜜的，可是现实是什么样的呢？如果尝试给你的婚姻加点料，我们相信会不一样，会更有香气，并且能一代一代地传递下去，带来长久的祝福。所以我们值得为一个美好的、长久的婚姻而努力。

记者：很多老一辈的婚姻是很长久，但谈不上甜蜜，真的有办法能使婚姻保鲜吗?

赵豪：好问题。有了美好的目标，我们当如何到达那里呢？这就是具体的路怎么走的问题。远远地看着灯塔，如果没找到路，还是到不了那里。路有对的，也有错的，就像岳云鹏唱的《五环之歌》，二环跑完跑三环，三环跑完跑四环，永远在兜圈子，一直在浪费时间。

我们每天忙得不得了，为啥忙？忙得值不值？忙得心里踏实吗？要忙到点上，就是要找对路。知道了婚姻的目的，也要了解在沟通方面男女的确存在不同，所以有目标还要有方法。

夫妻间的沟通需要有技巧和方法。盟约是婚姻的开始，但这条路走下去幸福不幸福，就需要学一些方法。不过这些方法不是为了让你的丈夫服服帖帖听你的，或是让你的妻子离不开你，被你呼来喝去。这些方法不是为了让谁占上风，让谁来控制局面，这些方法是为了彼此的益处、家庭的益处。

所以你要找到对的方法，婚姻的幸福值就会升高，但你一定不能一味地只是追求方法，那你会发现你的婚姻还是在走下坡路。婚姻幸福的关键就是夫妻要成为一个人，要真的合一，身体合一、情感合一、心灵合一。

记者：您说的这个合一，到底怎么理解？

赵豪：夫妻二人不再是个体，而是一体。婚姻里面的合一分为三个方面，第一个是离开，离开你的原生家庭，组建一个新的家庭，从心理层面断奶。

离开父母，与妻子或丈夫联合成为一体，这种离开指的是身体和心理上的离开，更重要的是心理上的离开。婚后所有的事情要夫妻两个人共同商量，但是很多人不是找配偶商量，而是找父母商量，这样就会造成两个家族的问题。遇到一点儿事，娘家人开始不干了，“我不能让我姑娘受气”，男方的父母也这样，两家人的冲突就产生了。

还有的父母，孩子已经结婚了，母亲还要干涉儿子的所有事情。有个案例是这样的：儿子结婚了，小两口儿也和妈妈分开居住了，但这个单亲妈妈每天一大早就跑到儿子那边给儿子做饭。她自己有钥匙，想啥时候去就啥时候去，想啥时候走就啥时候走。

这一点让这小两口特别痛苦，本来很希望有夫妻二人世界，结果不知道啥时候，小两口还在屋里睡着觉，妈妈就冲进来了，把窗帘刷地拉开，大声训斥：“都啥时候了，赶紧起床，饭都做好了，快起来吃饭！”这让妻子特别不舒服。

丈夫呢，有时候还会说："没事，我妈是爱咱们，你看把什么都给咱们弄好了。"丈夫替妈妈说话，妻子会更受伤。这样一来就会产生更多的矛盾和冲突。

当然离开并不是说就不管父母了，离开的目的是为了重建新的家庭。不是娶了媳妇忘了娘，而是从一个人孝敬父母，变成两个人孝敬父母，这是加倍的孝敬啊！

记者：您说的意思就是结了婚之后，就要把配偶放在父母之前了，是吧？

赵豪：可以这么说吧，因为夫妻的关系是一体的关系，也就是我讲的第二个方面：联合。夫妻两个人的联合是在身体、情感、生命等方面的联合经历，共同进退。

如果在价值观上两个人从起初就不一致的话，就很难联合。刚进入婚姻，就同床异梦，因为想法完全是不一样的。这样联合起来就很难，别说身体、情感和心灵的联合了，饮食上都很难联合，口味差异太大，谁也不想迁就谁。因此，找对象的时候一定要找三观一致的，要不结婚后会有很多根本性的冲突，导致不能联合。

因为我爱你，所以我愿意站在你的角度来考虑你喜欢吃什么？你希望我为你做什么？从这样的角度出发，夫妻慢慢就会产生默契。有个很有意思的现象，就是“夫妻相”。两个人结婚之后，随着时间的推移，夫妻两个人长得越来越像了。我观察过一些大合影，都是一对儿一对儿的夫妻，还真有点像。

我表弟参过军，退伍之后就来北京闯荡。我俩从小关系特别好，后来他谈对象了，我因为像他亲哥哥一样，就特别关心他俩是不是有共同语言，甚至跟他们说一定要确定两人有共同的价值观，再考虑走进婚姻。可能是我反复提醒吧，他们两人对此就比较看重，深入了解之后了才确定关系。

后来我为他们筹划了婚礼，婚礼那天我感动得流了泪。他们的婚姻真的很好，举个小例子：因为我弟弟是自己做公司，所以他不用去打卡，而我弟妹每天早起去上班，他每天比媳妇起床还早，给她做早饭，做完早饭让她吃着，然后再给她做中午饭，让她带着午饭去单位，多么美好，是吧？

他们俩在金钱的使用上也能达成共识，是从“我们”的角度去筹划收入和支出，而不是从“我”的角度。现在许多夫妻都自己预备着小金库，干吗用？我要没小金库，将来分开的时候我不就吃亏了吗？这大概是他们内心的想法。

这是从开始结婚，就预备着逃跑，就像两个人说好一起好好过日子，然后一说完两个人都在干吗？都在“挖地道”，规划自己的“逃生路线”。“逃生路线”没铺好的时候，两个人都不敢趾高气扬，还凑合着过，还得伪装一下，一旦“逃生路线”完成了，比如有一定的积蓄了，有能力买得起房了，事业比较稳定了，立马头也不回地走人。许多婚姻看起来是瞬间瓦解的，其实都经过了长长的“挖地道”的过程。这就是现今婚姻的状况。

记者：这个联合感觉有点不可思议，真的能实现吗？

赵豪：没有完美的夫妻，但只要愿意在婚姻里不断成长，就有无限可能去突破人生的局限。婚姻的亲密关系虽然困难重重，却是人生极为宝贵的经历。我们不能改变配偶，但至少我们可以不断改变自己，使我们自己的生命更有韧性。这种改变常常能够带动对方的改变。

联合也包括身体上的联合。我曾经跟一位资深的教育专家交流，他强调说在婚姻里不能忽略了一点，就是两性关系的联合。你结婚了，两个人就要在一起生活，在一起享受性的关系，其实这个很重要。如果说两个人结婚之后，没有性生活或者性生活不正常，婚姻也很容易瓦解。

虽然结婚并不是只为了得到对方的身体，但是夫妻间的性关系确实是很重要的，也是联合的一部分。身体的结合会影响到情感、心灵层面，也关系到夫妻两个人的生命状态。

第三个方面是建立彼此的亲密感。离开父母，从原生家庭“断奶”。两个人走在一起，联合成为一体，就是在建立这种亲密感。你会发现两个人如果没有亲密感的话，肯定是走不长的。没有亲密感，两个人的生活就像喝白开水一样，过着过着就没有什么味道了，很容易分开，所以一定要建立这种彼此的亲密感。

如果把夫妻比喻成陶塑，本来你是你，我是我，但是婚姻把两个人合到一起，揉成一团，再塑一个你，再塑一个我，就是我中有你，你中有我。多么美好和甜蜜！大家都渴望这样的生活，对不对？如果有这样的婚姻，我们可能做梦都能乐醒，是不是？这是我们追求的目标。

不完美的完美

记者：大家都憧憬美好的婚姻，可现实中有许多不如意，又该如何面对？

赵豪：不如意是生活的常态。比如你想与父母分开居住，可是因为经济的原因不能出去买房或租房，或者因为父母身体不好，你得和他们住在一起照顾他们。

这样的情况下，我会给几个建议。第一要尊敬父母、倾听父母的意见，但只有夫妻双方都同意时才予以采纳。如果大家还在一个屋檐下，你一定要尊敬父母，但做决定的是你们夫妻，要你们两个人商量过，取得一致意见，因为你们现在是一个人。

第二是不要在父母面前批评自己的配偶。你要去塑造你的配偶，而不是去批评你的配偶，要记得现在你们是一体的了，你总不会说：“看看我这个手多难看！”就一个身体来说，嫌弃对方就等于嫌弃自己了。

女性喜欢化妆，如果眼睛不够美，就要格外修饰一下，哪儿有瑕疵就修饰哪儿，肯定不会哪儿不够美就把它弄得更丑一些。夫妻也是一样，要彼此遮掩对方的缺点，而不是张扬对方的缺点。正因为大家都不完美，所以有机会相互补足，这样一来就完美了。

没有人会自己攻击自己，除非是生病的身体，比如说得了一种免疫性的疾病，这种病不好治疗的原因，就是坏细胞攻击好细胞，自身攻击自身。癌症就是这样，化疗把你身上的好细胞和坏细胞一同杀死，这相当于你身体里面两军对垒，后来实在是没办法，分不清敌我了，干脆全灭了吧。

化疗之后人会怎么样？会很虚弱。夫妻如同一个身体，各器官要协调工作、互相照应，不要互相攻击，因为最后只会两败俱伤。

如果你的父母说你的配偶不好，你不要顺着你的父母去说对方不好。你和父母越站在一起指责你的配偶，你们夫妻的关系就会越快被拆毁。好比你作为一个女儿回到娘家，你说丈夫哪儿不好，你的父母一定都是竖起耳朵、睁大眼睛的。他们本来就倾向于去找女婿的毛病，你就不要再添油加醋，这样特别不利于你们夫妻关系的建立。结婚之后常要说的是赞美和鼓励的话语。

记者：与父母分开居住之后应该如何与父母相处呢?

赵豪：搬离父母家之后，要时常与父母保持联系，以言语和行动表明对他们的关心和体贴，但是不要再期待他们经济上的支持。现在很多子女有一种错误的观念，比如说父母就应该给我钱，给我买房，给我这给我那，这都是依赖而不是分开。

父母还有没有责任再帮你？其实父母已经尽过责任了，不欠你的了。他们把你养大，可能做得不够好，但这不能由你去审判他们，你还是要孝敬他们，这对你和你的孩子都是好的引导。

我看过一个新闻，一个小伙子在大街上打他的妈妈。小伙子要结婚，女方要彩礼要房子，可他的妈妈没有能力给他，他一怒之下就在大街上暴揍他的妈妈。很多路人看不下去了，就把这个小伙子给教训了一顿。这个小伙子不孝敬自己的母亲，其实受损的是谁？是他自己。就算他妈妈给他凑够彩礼，帮他娶了媳妇，他也活不好。

我自己离开家乡这么多年，没有让我的父母帮过我什么，其实在经济上，直到今天我都不富裕，一直都还是比较紧的。

大家都知道北漂一族经常要搬家，我在北京这么多年，不知道搬了多少次家，所以一个朋友给我讲他搬家的经历时，我的眼泪一下就出来了，因为我太有感触了。这个朋友是个画家，他和妻子收入不稳定，经常换房，他有一个几岁的儿子，搬家时大人小孩的东西、锅碗瓢盆、图书画具、衣服被褥挤在一起，真是够乱的。他说：“我把东西一趟一趟地搬下来，等着搬家公司来拉，儿子就坐在小区路边，问我：‘爸爸，哪里是咱的家？’”

听到这儿，我的眼泪瞬间就流了出来。我觉得这就是漂泊在外的人的辛酸，这种难处，特别是有了孩子之后，更加明显。后来我就做了一个决定，每次搬家的时候，我就让妻子带孩子回老家，我自己去面对。我不想让我的家人和我一起来面对这样一个窘境，我也不期待父母在经济上给我们支持，我没有和父母开口要过一分钱。

我觉得我也过来了，我的妻子看病花了都不知道多少钱了，孩子还要上学。一开始我还算账，这个月我收入多少，支出多少，后来我不敢算了，因为我每次算账都发现挣的不够花。后来我发现我不算账，好像也过去了，没有比别人少吃一顿饭，日用也没有缺。

我很感恩，努力去做，其他都不去忧虑。每年我都会给父母钱，我觉得这是对他们的回报和孝敬。夫妻的合一是基础，如果这一个基础打牢了，你会发现很多婚姻里面的问题都会迎刃而解。

记者：婚姻中，夫妻双方都害怕对方出轨，您怎样看待这个问题?

赵豪：是呀，丈夫担心妻子被人追求，妻子担心丈夫外面有人等着，但是有一招可以解决这个问题，那就是夫妻合一，从精神到肉体的合一。

我有一位老师曾经说，如果你的配偶在家里面吃了一顿美味大餐，他就不会老想去外面吃点心，这是指夫妻间的两性关系，你想想是不是这个道理？很多夫妻天天在家吵架，没有合一，也没有正常的夫妻性生活，都处于一种饥饿的状态，一种有需求的状态，就会到外面去找吃的。所以夫妻的合一至关重要，在此基础上才能彼此造就，彼此帮助。

男性和女性有很多的不同，刚与柔就是其中之一。你赞赏一个男人，绝不会夸他柔美，而会夸他刚强、有力量；夸女性什么呢？真温柔，而不是真强壮，对吧？

所以两个完全不一样的人要在一起生活，就需要彼此帮助，彼此成全。就像一个日加一个月，在一起就会是明亮的明字，才是发光的。两个人缺了谁，都不完整、不踏实。比如我做事的时候，规划好了，我会问我妻子："你觉得这事行不行？"我总觉得她的建议很重要，一同商定才踏实。

有时候我做完计划之后，觉得万无一失了，其实还会有漏洞，这时候配偶的建议就会使我从另一个角度去思考，不会陷在自我的误区里。所以说两个人比一个人好，一个人跌倒，另一个人可以扶起他。这是夫妻合而为一的好处。

所以彼此的帮助是可以堵住漏洞的。有的夫妻，配偶有哪里做得不好，抓着不放还到处去说，这样做不仅不能促进对方成长，反而会毁坏关系。

记者：难道夫妻之间看到彼此的毛病不能指出来吗?

赵豪：不是说配偶有缺点不能指出来，而是说你所有的表达都要在理解与尊重的基础上，想办法去积极调整，目的是为了对方的好处而不是自己的好处。

夫妻是一体的，配偶的软弱也是你的软弱，你要像爱惜自己一样爱惜对方。在婚姻里，双方都不完美，当遇到问题的时候，双方要一起想办法去解决问题，而不是激发更多的问题去摧毁婚姻，这样做一定会带来幸福。

有一位妻子，脾气很大，发起脾气来会满屋子追着丈夫打。丈夫有时候干脆就不跑不躲，任凭她打。这个妻子有时还会跟旁人说丈夫怕自己这类的话，她丈夫听见了就低着头不说话。

这个妻子可能觉得自己挺厉害的，好像很有权威的样子，可其实大家会觉得她勇敢吗？不会，大家会当成一个笑话听，很可能还会在心里提防这个妻子。

作为夫妻，一方羞辱了另一方，其实自己也跟着受羞辱了，没有人会竖大拇指的，即使有，也是一种调侃。所以不要以为占了上风就是赢了，当你觉得赢的时候其实就是输了，是两败俱伤。

记者：婚姻里还有一个重要方面就是子女教育，这对夫妻关系也是很大的挑战。

赵豪：其实婚姻有一个很大的含义就是传承，看见儿女的成长，享受做父母的欢乐。但现实中很多人一提到儿女就痛苦得不得了，怎么还能享受呢？的确，现在做父母的很多是焦虑的，孩子五六岁之前，父母看着孩子觉得可爱，等到孩子慢慢长大了就越看越发愁。前面没有打好基础，后面更不知道如何来教养，所以青春期叛逆、厌学、说谎等各种问题全出来了，父母就痛苦得不得了。

为什么养儿育女会成为一件令父母头痛的事呢？因为我们做父母的没有好好做管理者。好比交给你一个厂子让你经营，本来是一件好事啊，因为可以产生利润啊，你既可以养家糊口，也可以让职工有收入，产品还可以造福社会，你看这是个多么好的事！结果到你手里坏事了，搞得一塌糊涂，偷工减料，工人工资低，整天抱怨，环境也差，工厂随时都要面临倒闭的危险，你想想这是谁的问题？

父母尽心尽力用正确的方式养育儿女，最后儿女会回报父母，给父母以安慰。到了十几岁，孩子慢慢长起来了，能承担责任了，能帮着父母干活了，多么开心！

但有的家庭正好相反。我辅导过一个妈妈，还没说话先哭了，她说："赵老师，我儿子刚把我打了一顿。"你说她能不哭吗？15岁的儿子经常打她，她焦虑不焦虑，难受不难受？这个妈妈说："算我上辈子欠他的，我实在是痛苦得不得了。"这个孩子从小被他爸爸打，一不听话就挨打，现在他长到15岁了，比他爸长得都高，他爸一打他，他一下就能把他爸摁倒在沙发上，他爸都动弹不得，妈妈就更不在话下了。你想这个家庭还像个家吗?

家庭的问题是当今社会最大的问题。父亲揍儿子，儿子长大了揍父亲，将来有一天儿子也会打孙子，孙子长大之后反过来也会打儿子，整个家庭就是一个打斗场，婚姻还怎么往下经营?

夫妻沟通秘诀

记者：夫妻间闹矛盾很多是因为沟通不畅，您能讲讲夫妻间该如何沟通吗?

赵豪：夫妻沟通第一步不是说，而是听。每个人都很希望有人倾听自己的心声，夫妻之间更需要彼此倾听。有的丈夫不愿意倾听妻子说话，那妻子就会去找他人倾诉。当一个人来倾听你内心的声音，你的心已经向这个人敞开，这样很容易出现问题。所以一定要重视沟通，学会彼此倾听。

我曾经辅导过一个家长，他去办公室找我，说他们家各种事情。他跟我表达的时候，我就听着，想插话他都不让，就他一个劲儿地说。后来快到中午了，我说要不吃完饭再接着聊，他说下午还有事，要走了，等于我一上午啥也没说。但是他挺开心的，他说“谢谢你辅导我”。我辅导啥了？啥也没说呀！你看我光倾听了，啥也没说，结果还挺好。

其实倾听就能带来疗愈，认真地听就表示和对方在一起。很多人找我来辅导，要的并不是答案，因为很多道理其实寻求辅导的人都明白，但就是做不到。他们需要的就是被理解、接纳、倾听，如果有一个好的听众，实际上问题就解决一半了。

所以辅导有一个秘诀，如果你确实不知道怎么回应对方，你就不要说话，你就一直点头，表示理解。就这样倾听，对方的伤已经医治好一半了。有时候你说得太多，还不如做一个好听众。

有一对夫妻去找一位老师做辅导，这位老师不让他们俩说，给他们出了很多的主意，但夫妻俩很不满意。这位老师看出来他们婚姻的问题是什么，也给了很中肯的建议，但从这对夫妻的角度来看，没被倾听和理解，他们就觉得是没有辅导好。

从这个例子可以看出倾听是多么重要，我们要学习如何做一个好听众。当然，你倾听时，要认真听，抓住里面的内容，而不是糊弄而已。

记者：您讲到倾听时，说要抓住话里面的内容，到底该怎么捕捉话里面的关键信息呢?

赵豪：就是你不但要听对方说话的内容，还要留心话背后的情绪。比如丈夫说：“今天中午做的饭怎么这么难吃！”其实并不一定是饭难吃，天天都吃怎么今天说难吃？可能他有不高兴的事，你给他摆大鱼大肉，他说怎么连个素的都没有？你给他上素菜，他说怎么连个肉都没有？这时候你千万别说：“你怎么这么多事儿！我还不伺候了！”因为现在已经不是这个菜的事了，对方在表达他的不满，他内心里面是有情绪的，他只是通过一个事件反映出来。

再比如你看到配偶下班回来脸色不太对，你问他说：“你好像有点儿不开心？”可对方说：“没有呀，我挺好的。”你听对方这么说就放心了，可紧接着对方就开始抱怨：“这鞋怎么乱放！屋里乱成这样！”得，对方肯定是嘴硬，明明心里有火，还不肯承认。有时候我们会觉得对方是没事找事，是发一些无名火，其实无名火的背后都是有原因的，只是对方没有表达出来。所以我们要学习去倾听，要捕捉配偶话语背后的情绪，情绪背后的需要。

第二步是清晰表达，设法让对方理解自己。有的妻子不说出自己的需要，反正就是不吭声了，不开心了，气哼哼的。然后丈夫就问她：“你怎么了？生气了？”妻子就说：“我没生气！”她觉得丈夫应该能猜得到，但其实丈夫根本猜不到。

妻子的心思丈夫通常是搞不懂的，有时候瞎猜还猜错了，丈夫真的挺难的。有时候丈夫猜错了，妻子还会更不开心，她会觉得一堆事都让她不舒服。所以不如表达得直接一些、明确一些，不要让对方猜来猜去的。夫妻两人过日子，哪有那么多时间猜来猜去？有一个来求助的妻子说："赵老师你不知道，我们俩没结婚的时候他猜得可准了，他那时用心猜，结婚之后他不猜了。"对呀，男孩子热恋的时候确实是很用心，结婚之后也需要喘口气。

你让他喘口气，这还不是一个好的、坦诚的沟通，美好的婚姻是能给双方带来享受的，而不是让双方每天都处于紧张状态。这里不是批评妻子们，只是说女性更容易情绪化一些，夫妻相处时尽量不要猜来猜去。

当然，直接表达也是需要智慧的，有的人说"我就是直脾气"，那如果你说的都是伤害别人的话，这样的沟通就会起反作用。直接表达并不是去伤害别人，比如妻子穿了一件新衣服问丈夫："我这衣服好看吗？"丈夫直接表达："真难看！真显老！好像老了20岁！"这就伤害人了，对吧？

说话要有智慧，但沟通一定要真实，如果你说得好听，可都是谎话，这个沟通就是很危险的，因为一个谎言的背后，要用无数个谎言去遮盖，所以沟通一定要在真实的基础之上进行。

记者：许多妻子觉得丈夫并没弄懂自己的心思，这与沟通的深度有关吗?

赵豪：沟通的确是有层次的。第一种沟通是打招呼。饭做好了吗？孩子作业监督了吗？这个是最浅层的沟通，夫妻俩可千万别弄成这样子。我记得有一个家长跟我说："赵老师，我告诉你，你应该再加一个层次，加到打招呼之前。我们两个连招呼都不带打的，我看到他起床了，我啥也不说，他看到我打扫卫生，也啥都不说，我们两个就变成这样了。"

有的婚姻真是这样的，彼此看对方像透明人一样，各干各的。所以打招呼、说事实还算有沟通。说事实是什么呢？"没电了，记得缴电费""带一袋米回家"　"孩子学费该交了"，等等，这都是说事实，大家都很熟悉，这个沟通也是浅层次的，提出观点或者解决方案，但比打招呼要进一步了。

“我跟你说，那个事你应该这么做……”一方出一些主意，给一些解决方案。如果对方没有做到，可能会指责对方：“我早就跟你说了，你怎么还……”这里面只有事情，没有感受。

如果丈夫说：“老婆，我觉得你那么说话其实让我挺不舒服的……最近我老睡不着，看你也老翻来覆去的，是不是有什么心事？”这就是一种谈感受的状态，相对来说已经进入更深一个层次的沟通了。

再进一步就是完全的坦诚，没有多少夫妻能做到完全坦诚，但这却是我们努力的方向。

记者：有些事情完全坦诚的话，会不会让对方或自己受伤呢？

赵豪：一方在完全透明之后，有时会给对方或自己带来伤害，对方可能未必能接纳你的一些问题。不顾一切的坦诚，或许会带来一些不必要的麻烦。所以，坦诚也要有智慧，不要莽撞。

一个女孩子谈恋爱了，双方都感觉特别好，就决定结婚。新婚夜的时候，两个人躺在床上聊天，丈夫就对妻子说：“亲爱的，咱俩都结婚了，我什么事都向你交代，以后咱俩之间没有秘密。” 然后他就说起以前谈过几个女朋友什么的，妻子越听越不开心。

丈夫说完了，妻子虽然心里难受，但是她选择了去接纳丈夫——都过去了，我们就往前看，过去的就让它过去。这个丈夫非常开心，被妻子接纳让他如释重负。接着妻子也跟她的丈夫说："我也向你坦白，我以前也谈过几个男朋友。"丈夫听完就特别郁闷，特别不开心。

其实女性的包容度比男性要强，虽然很多女性嘴上说"他要是怎么样，我绝对会怎么样"，但是真正遇到事的时候，女性的接纳和包容还是要比男性强很多。

我辅导这对夫妻的时候，他们已经有两个孩子了，但是丈夫经常家暴妻子，他过不去这个坎，就是他的妻子谈过几个男朋友，也和过去的男朋友同居过，这让他受不了。

我们来分析一下妻子是不是向她的丈夫完全坦诚了？是的。从理论层面上来讲这没毛病，二人都结合了，我的秘密都告诉你。但是从另外一个层面来讲，这个表达对婚姻是有意义的吗？有建设作用吗？其实没有，这种"透明"对婚姻没有任何的帮助。

如果沟通没有任何帮助，又为何要沟通呢？好比丈夫回到家，说他在路上看到很多漂亮的女孩子，这个是事实吗？是，但是这个事实的陈述对婚姻没有任何的建设作用，还可能惹妻子不高兴。还有就是过去一些陈芝麻烂谷子的事情再倒腾出来说，也是没有任何帮助的。

婚姻里面的坦诚需要智慧，你不能只顾自己说了痛快，你要努力去了解对方的感受。当你谈观点、谈解决方案的时候，你要先想想对方可能会有什么样的感受。如果你感到对方已经不想听了，那你就没必要再给他出主意了。因为他要的可能不是让你给他出主意，而是你的一个拥抱，或是被你倾听和接纳。

还有，谈感受要找合适的时候，比如你看到对方已经很不开心了，或者对方正急着要做一件其他的事情，你就不要再向他说什么了。有的妻子觉得丈夫冷漠，不回应她的感受，或者妻子让丈夫说说感受，他却不肯说，有可能都是没挑对时候。

我辅导过一些案例，比如说夫妻俩累了一天，晚上准备要睡觉了，妻子总喜欢在此时说一些负面的事情。妻子说的可能是真实的，可丈夫却觉得劳累一天终于可以放松休息一下了，又倒腾这些，所以很不开心。所以，表达感受不能光为了自己痛快，也要选择合适的时机。

最佳冲突解决法

记者：因为自我的局限，夫妻双方的沟通常常陷入一些误区而不自知，您能提示一些常见的误区吗?

赵豪：沟通是一门艺术，需要真实表达，但又不能彼此设下心理防线。要有好的沟通，先要了解自己属于哪种沟通类型。第一种沟通类型是指控型，就是带着攻击性的沟通，目的是指出对方的错。婚姻当中有没有一方是这样的？有啊，很多家庭都有一方是不尊重配偶感受的，简单来说比较强势，什么都是别人的错，什么问题都是别人的问题。

第二种沟通类型是讨好型，委曲求全，无原则地顺服。好好好，行行行。指控型是主动去指控对方、伤害对方，讨好型就是主动讨好对方，都是我不好，都是我的错。这样一味地讨好会把你的配偶惯坏。

比如，妻子每天晚上都给丈夫捏脚、端洗脚水，一开始丈夫会觉得好开心，可过了一段时间之后，如果妻子不给丈夫端洗脚水了，他就会特别生气："你今天为什么不给我端洗脚水了？"其实丈夫这臭毛病都是妻子惯的，夫妻双方都需要为这个家做出努力，不是一方一味地付出。丈夫要有成就感，就需要承担责任，如果一个人不承担责任，他会越来越不负责。丈夫一直这么不负责，最后妻子就会变成一个老妈子。

所以妻子不能像带孩子那样对待丈夫，丈夫不承担责任，妻子就要承担责任，这个家就会很麻烦，次序上也会出问题。

第三种类型是冷战型，压抑和无声对抗，你不理我，我也不理你。

两个人很长时间不说话，处于冷战状态，这个也是比较常见的。冷战等于没有沟通，冷战时间越长，关系越难缓和。冷战型关系带来的伤害一点儿不比指控型小。

最后一种是以爱解决型。以爱解决型是彼此互相促进，共同成长的一种状态，因着爱的缘故，去沟通，去积极地想办法解决。这是我们要学习的一种沟通模式。

记者：那夫妻间常见的冲突有哪些呢？

赵豪：婚姻当中产生冲突的原因很多，比如认知不在一个层面上，简单来说就是三观不合，你想的和我想的完全没有交集，你永远理解不了我，我也永远理解不了你，这是最痛苦的事。

你有没有发现，以前上学的时候，有很多同学毕业之后就不联系了，为啥？因为我们都会选择和自己聊得来的人保持联系，没啥话说还联系，不知道聊什么。婚姻当中也是这样的，过去有个词叫门当户对，可能大家会觉得那是封建观念，不过从认知层面上讲门当户对的夫妻比较容易有共同话题，比较好沟通。

从自我的角度考虑问题，是造成许多夫妻分手的原因。80后、90后，很多是独生子女，习惯站在自己的角度去想问题：为什么配偶不来关心我，为什么对方不听我的？而不是去想一想：我怎样可以关心到对方？我可不可以听听他的心声？

如果都是站在自己的立场上去考虑问题，最后肯定就没法在一起过日子了。我们都想有一个好的配偶，却从来不想如何去成为一个好的配偶，这将使我们的婚姻陷入恶性循环。

有一些妻子，说结婚之后很痛苦，为什么呢？没结婚的时候在家里面，爸妈全都围着她转，活得就像是公主一样。等嫁给王子可就麻烦了，王子比公主还以自我为中心，两个人谁都不愿意吃亏，“从此过上幸福快乐的生活”成了谎言，梦醒了是一地鸡毛。

婚姻是需要付出的。再讲讲我表弟的故事。他没结婚的时候，两人憧憬着婚后生活的美好，说结婚多好，你看本来咱俩每个人都得租房子，结了婚租一个就够了，省钱了不是？结婚前每个人都要起来做早饭，结婚后咱俩轮流起来做早饭就可以了，对吧？两个人的收入，一份用来开支，一份用来储蓄，结婚多好啊！

可结婚之后我表弟就跟我说了：“哥，我结婚之后不像想得那么好，两个人都很累啊！”我问他：“怎么个累法？”他说：“以前我脱了衣服，想往哪儿扔往哪儿扔，可结完婚之后，我这样她也这样，以前我扔还有下脚的地儿，现在两个人都扔就没下脚的地儿了！”

还有，他说：“以前我没时间洗衣服，往洗衣机里一放，好几天洗一次也行。可现在，她扔几件，我扔几件，洗衣机就塞不下了，老得洗！以前我在家里面怎么着都行，一天吃一顿饭都行，反正忙了就先不做饭，但现在不行了，再忙都得放下手头的活儿去做饭。”

他接着又说：“有时候做好了饭，她还嫌不好吃，我多来气呀！有时候她做饭，好不容易把饭做好了，我一吃真不怎么样！你说我们累不累？”

这就是婚姻，你想着从婚姻当中得到多少，你就会失望多少。婚姻是学习付出的地方。当然夫妻冲突不光是这些，还有经济上的问题、赡养父母的问题、孩子教育的问题，等等，如果两个人都想按自己的方式处理，而不是积极主动地沟通，那就得天天吵架了。

记者：那么要如何去化解婚姻当中的冲突呢？

赵豪：要化解婚姻当中的冲突，我的第一个建议是夫妻要彼此承诺，无论遇到什么样的冲突，都要积极想办法去解决，交谈当中要传递的信息是“我想恢复我们的关系”，而不是继续彼此伤害。

这实际上就是“关上后门”。遇到问题的时候，双方都要积极想办法解决，而不是一拍两散。举个例子来说，两口子吵架了，妻子拿起一个水杯啪地摔地上了，这是在表达愤怒。丈夫一看妻子摔了个水杯，拿了个碗也摔地上了，你摔水杯我摔碗，妻子一看丈夫摔了碗，拿起手机啪也给摔了，丈夫一看，上去把电视给摔了。

这是想办法解决问题吗？这叫不断地升级破坏，不断加剧紧张的趋势，这就不是积极想办法解决问题，不是想恢复夫妻关系，而是继续彼此伤害。

遇到冲突的时候，女性更容易从一件事引出许多事，夫妻双方要在这一件事里面去谈论，不要引出其他事来。

什么叫引出其他事？比如说这一件事丈夫没做好，妻子说："你看你这个事没做好，前天那个事你也没做好，之前啥事你都做不好，你说你什么事能做好？你能告诉我你能做好什么事吗？你愁人不愁人，你说你这么多年做啥啥不成……"

这就是从一件事引出一堆事。这已经不是就事论事，已经转变成人身攻击了——"你瞧瞧你那德性，我是瞎了眼找了你"。本来就是一件小事，可能丈夫没做好，妻子将其演变成一堆事，最后对丈夫加以否定。人都会出现一些疏漏，谁没有问题？就事论事，不要进行人身攻击，也不要从某个具体行为引申到品格，因为一件具体的事，不能推论到人品。要表达情感，不要论断人品。怎么算表达情感？"我觉得你最近对我有一点儿冷淡"，这是表达情感，其实是在说我希望你多关心我；"我发现你这个人真没良心，我天天给你做饭、洗衣服、带孩子，把你儿子养得白白胖胖…… ”这就是在攻击人品。

不要说“你儿子”“我儿子”，夫妻两人的孩子，你的也是我的，一定要表达情感，不要论断人品。“你这个人品格有问题，你没良心，你穷光蛋的时候，我就嫁给你了，你现在这个样子……”这些都是在论断人品，是伤感情的。

多用“我”和“我们”的句式，少用“你”的句式。比如说丈夫做生意失败了，用“我”或“我们”的句式会怎么样呢？“老公不要怕，我们一起来面对，我们一起想办法，这个事情总会解决。”这里用的都是“我们”，对方就会觉得配偶是跟自己站在同一立场上，会一同去面对困难。如果用“你”的句式呢？“跟你说了你就不听，破了产你卷铺盖走人！”这是在划清界限，对方听了怎能不受伤呢？

夫妻是互相理解，还是争个谁输谁赢？其实在婚姻里是没有谁输谁赢，只有双赢或者双输。当双方积极地想办法一起去解决问题，两个人就都赢了。如果你非要证明你是对的，就算把对方驳斥得哑口无言，你还是输了。

如何化解冲突，我的第二个建议是用爱的态度来沟通。做到用爱的态度来沟通，要找合适的时间、合适的地点，也要先自己预备好接受对方的质问或者建议，抱着和好的态度，再去沟通和解决问题。

当然，这是特别难的，我们可能做了很多的预备要去和好，结果对方一句话就可能跳起来："你看我都给你道歉了，你还不依不饶的，你到底想干吗？"这说明你还是没预备好。就像我以前跟我妻子道歉："对不起，我错了，都是我不好，都是我的错，你原谅我吧。"可是她有时候就会说："你说说你哪儿错了？"这时候怒火又一下子冲到我头上了，我特别郁闷，我都说我错了，我都让一步了，干吗不依不饶的？

实际上问题在我这儿，为啥呢？我是想把这个事给糊弄过去，有点儿咬牙切齿地说"我错了"，其实还没有预备好。后来我道歉的时候就学聪明了，我说："你说的太对了，我比你说的还不好，都是我的错。"我这么一说她就笑了。

她说："其实我说的是气话，那么说你我也不对，谢谢你每次都包容我。"这样事情就解决了，是不是？最主要的是你有没有预备好，没预备好的话，两个人又得干一架，对吧？

记者：如果已经发生冲突，如何去和解呢？

赵豪：要解决冲突，可以运用这样的道歉方式："对不起，我错了……对此我感到很抱歉""对不起，我让你感到……请你原谅我”。

这样的道歉方式是学习站在对方的立场上，率先承认这件事情是自己做错了，请对方再多多包涵一下。先认错是脸皮比较厚吗？不是，先认错反而证明你成长了，成熟了。两个孩子闹矛盾，都不会先道歉的，如果你不成熟，就永远都是孩子。

可以用这个公式来练习：先道歉，并且一定要说错在哪儿了；然后说对不起，我给你带来了什么样的感受（重复对方的感受，其实就是共情）；第三步是请对方原谅。

第一个“对不起”举例：“对不起，我今天不应该说你做的饭不好吃。你那么辛苦，下了班回来就得弄孩子，弄了孩子你还得做饭，你又照顾孩子又照顾我，真不容易呀！你做了饭我还不满意，还挑三拣四，真是对不起，我错了。”

第二个“对不起”举例：“对不起，我让你感到难过了，你付出那么多，我却不理解你，难怪你这么委屈。”

最后一步举例：“亲爱的，请你原谅我。”

拿我自己来说，有时会让我的妻子不开心。因为我觉得我在外面上班，妻子就应该在家里把孩子照顾好，这里面的确有些推卸责任的含义，也是我们有时产生冲突的破口。我认识到自己的问题之后，就用以上的方式向妻子做了诚恳的道歉。

道歉时的态度是非常重要的，当你态度诚恳时，即使你表达得并不清晰流畅，也没关系，关键是你内心真实的想法。如果你敷衍了事，“行了，我错了，行不行？”那肯定不会有好的效果。

要达成彼此谅解，第一步就是诚恳的态度，你的态度决定了你是否真的希望改变，这也是一种行动、一种选择。很多人说“我原谅不了”，其实是你选择了不原谅。

有时候我们说原谅不了，但如果对方是一个非常重要的人物，我们就有能力去原谅了。在婚姻当中一定要学习原谅，如果不愿学习原谅的话，天天都会有各种小矛盾，不断积压，最后就会爆发。

你到底爱不爱我？

记者：妻子常常觉得丈夫不够爱自己，可丈夫觉得我很爱你呀，还要怎么爱？这里面是不是存在不同频的问题？

赵豪：是的。爱，还要同频，否则对方收不到。《爱的五种语言》是查普曼博士写的一本书，书中将爱的表达方式归结为五种。第一种是肯定的言辞，比如说鼓励的话语、表达爱的话语、谦和的话语，等等，夫妻间要多说肯定的言辞。

第二种是精心的时刻，指的是给对方全部的注意力，比如夫妻两人的约会、精心的活动策划，等等。英语的surprise表示惊喜，现在很多年轻人特别喜欢收到惊喜，尤其是女孩子，所以很多男孩子就想方设法给女孩子惊喜。比如一个女孩子说：“我好喜欢这个戒指，这个戒指好漂亮！”男孩子说：“不买，没钱。”女孩子听了很不高兴地噘着嘴走了。男孩子说“我去趟洗手间”，过了一会儿他带着刚买的戒指回来了，女孩子感动得不得了。这就是精心安排的一个小惊喜。

夫妻间也要做这样精心的设计，才能使婚姻保持新鲜感。我有一个好朋友，他是做影视的，他结婚那天就给了妻子一个惊喜。他头天晚上跟他的女朋友说：“明天你什么事都不要安排，咱们和朋友一起逛街、吃饭。”

第二天，他和女朋友在商场里面逛，突然之间从前面出来一个人，穿得很正式，抱着吉他在他们面前唱歌，他女朋友很惊讶，回头一看，过去的同学朋友都来了，围着他们一起唱。他的女朋友激动得当时就流眼泪了。转身，他也穿上了西装，抱着一束鲜花。他问他的女朋友：“如果今天我们结婚了，你的家人没有来的话，你是不是会觉得很遗憾？”

这个女孩说：“是的。”然后他说：“你看那边！”原来他把双方家人也都请来了，都在商场里面藏着，一下子都出来了。正在这个时候，化妆师也出来了，布置的人员也出来了，就在那个地方布置婚礼现场，婚纱也预备好了。这个婚礼太独特了!

我这个朋友就喜欢搞那种惊喜，但我不是一个浪漫的人，做不到这些，不过觉得那个朋友确实有创意，那天搞得阵容挺大，追光灯啪地从上面打了一束光下来，整个商场都轰动了。

第三种是接受礼物。有的人比较务实，觉得你说那么多，不如给我买个礼物，我才觉得你爱我。如果你的配偶喜欢接受礼物，就不要光给对方肯定的言辞，也要送礼物，对方才会觉得被爱。

第四种爱的语言是服务的行动。做饭、洗碗、擦地、收拾屋子、买菜，等等，有的人就会觉得你帮我干点儿活，比说什么都管用。我累得腰酸背痛，你给我捏捏肩膀，我就感到被爱了。

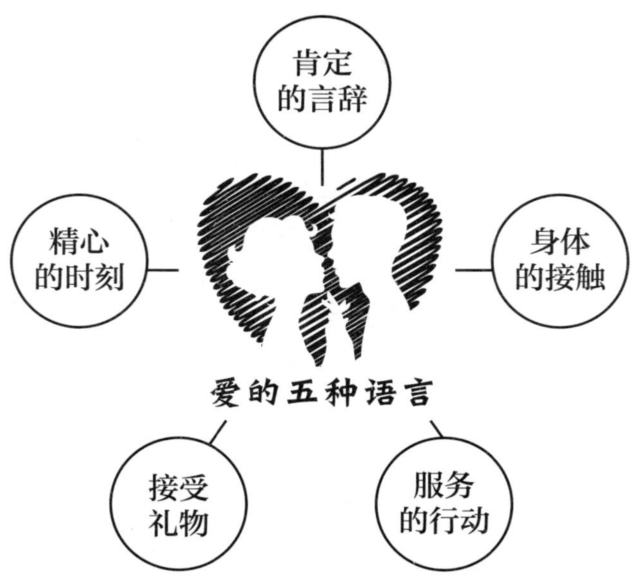

第五种爱的语言是身体的接触。身体的接触是沟通情感的一种方式，牵手、亲吻、拥抱以及性生活都是向配偶表达爱的一种方式。

这五种方式归纳了人们表达和接受爱的方式。你和你的配偶可以测试下你们到底属于哪一种爱的语言模式。随着环境的改变、年龄的增长，每个人的工作和生活状况都会发生改变，爱的语言也会有变化。比如你最近信心不足，那最需要的就是肯定的言辞；如果你最近特别劳累，那你最需要的是服务的行动。

夫妻相互了解彼此的爱的语言，对婚姻真的会有很大的帮助。如果你不了解对方的爱的语言，即使你在表达爱，对方也收不到，因为对不上频道。

比如说丈夫下班回到家，看到妻子，说："老婆辛苦了，你真是贤妻良母，把家里打理得这么好，我真有福啊！"丈夫说了一堆，结果妻子却越听越生气，为啥？废话真多，干点儿活行不行？赶紧进厨房帮忙！不是说赞赏的话不好，但此刻妻子更在意的是服务的行动。也可能丈夫什么都不说，直接进厨房做饭，妻子又生气了："我整天在家做家务，觉得特别闷，就盼着你回来能跟我说说话，你能不能别像个闷罐子一样？！"

怎么做都不对，为啥？因为没对上频道。如果找准了对方今天的爱语是肯定的言辞，那夸赞会令对方很开心。

所以一定要以对方需要的方式来调换频道。你表达的爱语和对方接收的爱语要一致，频道对了，事半功倍。

记者：看来每个人表达爱与接受爱的方式真是不一样。除此之外，夫妻之间要有良好的沟通还需要注意什么呢？

赵豪：男人和女人实际上有很多不一样的地方，比如男人每天至少要说7,000个字，而女人呢？每天要说25,000个字。如果男人的7,000个字在单位里都已经说完了，回家就没什么可说了；如果妻子的25,000个字在单位只用了一小部分，剩下的就等着丈夫回来之后跟丈夫说了。

一个已经透支了，另一个还兴致勃勃，矛盾很容易就产生了。

通常女性更愿意表达，女性一般比男性要成熟得早一点，比如同样是小学三年级的孩子，女孩子总是比男孩子个子更高，也更懂事，学习成绩要更好些。而且，女孩子多数伶牙俐齿，男孩子多数拙嘴笨舌。

到了青春期的时候，女孩子会变得内敛一些，喜欢把自己关在屋子里面。女性结婚之后，又慢慢开始爱讲话了，到了老年，女性会越来越善谈。

男性则恰恰相反，小时候不擅言谈，到了青春期，话慢慢多了，开始愿意发表自己的想法和见解，到了二三十岁就会有自己独立的观点。但是男性有一个特点，到了老年又开始喜欢安静，养个鸟、种个花，不大喜欢热闹。

男性相对来说比较理性，女性相对来说比较感性，所以你会发现做公益的女性比较多。看到一个孩子穿得破破烂烂，女性更易产生怜悯心。而男性遇到一些事情的时候，一般都会比较冷静地去思考，不会那么轻易地动感情。

有老两口从外地来北京参加一个学习班，我一听感觉有点像传销性质，我就陪着他们去参加。果然不出所料，那个老阿姨被煽动得非买不可，我一直拦着。我说："您千万别冲动。"可阿姨被现场音乐鼓动得热血沸腾。现场啥音乐？就是什么"我们不服输，我们要成为富人"，等等。我看了下现场，大多是女性。

男性以目标为导向，女性相对来说以人际关系为导向。什么是目标导向？就是你一定把这事给干好了，事干不好，其他都废话。这就是目标，像将军指挥士兵，天黑之前无论付出多少代价都要拿下这个山头，把大炮架上去!听上去这个将军真是不讲人情，无论付出多少代价都要占领这块高地，这就叫目标导向。

那么人际关系导向呢？同样是将军指挥士兵攻占山头，这个将军说：“无论怎么打，记得一点——咱们一个人都别牺牲，咱们能拿下山头就往前冲，不能咱就坐那儿等着。”这就是人际关系导向，阵地失了就失了，只要人活着，回头有一天说不定咱还能夺回来。这就是两种思路，两种思维模式，很难说清谁对谁错。

夫妻吵架时，男人最厉害的武器是什么？是沉默——我不说话了。女人最厉害的武器是什么？是眼泪。

男性不开心的话，开车喜欢踩油门，油门踩到底，把速度提上去；女性要是不开心的话，喜欢踩刹车。我以前坐过一家人的车，两口子在车上吵架了，我在后面坐着，只见车开着开着，突然妻子一脚刹车，把车给放那儿了。

托尔斯泰说过这样一句话：幸福的家庭都是相似的，不幸的家庭各有各的不幸。我们每一个家庭里面都有各种各样的问题，因为性格不同，生活中鸡毛蒜皮的小事、孩子教育、老人赡养，都可以让夫妻之间发生争吵或者冷战。

记者：夫妻间有那么多不同，有可能和睦相处吗？

赵豪： 有，只要你愿意因爱而改变。

曾经有夫妻跟我说：“我知道为啥我俩老吵架了，因为我们俩太不一样了。”谁都知道这一点，每对夫妻都不一样，你找谁结婚后来都会发现你们太不一样了，你永远也找不到一个和你一样的配偶。唯一的解决方法就是：你如果爱这个人，你就为他（她）去改变。

这就叫因爱而改变。如果丈夫性格比较直，不会委婉，你爱你的妻子，你就要学习慢慢变得委婉一点儿。你说：“我爱我的妻子，但是我就戒不掉烟。”其实，你如果真的爱你的妻子，你就会戒烟，你不会愿意让你的妻子被动吸烟。你是可以改变的。

幸福的家庭都是相似的，不幸的家庭各有各的不幸，那么幸福的家庭到底有哪些相似呢？我们可以试着找到这些幸福的密码。

首先，家不是讲理的地方，家是讲爱的地方，千万不要在家里跟你的配偶去讲理。有人来找我说：“赵老师，我媳妇不讲理。”我说：“她不讲理，你也别跟她讲理。”他说：“她不讲理，我也不跟她讲理，这怎么行？”我说：“你不要讲理，你要讲爱。”家本来就不是讲理的地方，家是一个讲爱的地方。

宠爱妻子是家庭幸福的秘诀之一。一个爸爸带着孩子去请教脑神经科学家梅迪纳博士："您能告诉我，如何才能让我的孩子考上哈佛大学呢？"科学家告诉这位爸爸说："你回去好好爱你的妻子，你的孩子就能考上哈佛大学。"这个爸爸一脸疑惑，问："我爱我的妻子和我孩子能不能考上哈佛大学有什么关系？"

脑神经科学家这样给这位爸爸解释："一个孩子学习成绩的好坏，与家庭的情绪稳定性密切相关。如果家里面像安放了定时炸弹，随时有爆炸的可能，孩子肯定不能安心学习。如果家庭的情绪很稳定，家里面比较和谐，孩子就比较容易专心学习，智力开发及情商也会比较好。"家庭的情绪稳定性是谁决定的呢？是由女主人决定的。在家里面，女主人要是不开心的话，谁能开心？

家庭的情绪稳定性是由女主人决定的，女主人的情绪是由谁决定的？是由丈夫决定的。所以那位脑神经科学家说的就很有道理了：丈夫爱妻子，妻子就会比较开心，妻子开心，家里面的人就都幸福；家里幸福和谐了，孩子成绩也会比较好。这是一个链条，所以宠爱妻子是家庭幸福的秘诀之一。

女人需要宠爱，那么男人需要什么呢？尊重。男人被尊重了就会更宠爱女人。很多男人内心都在向妻子呼吁：你能不能尊重、尊重我？

男性其实特别需要被尊重，我们常常说男人很需要面子，其实男人要的是尊重。丈夫是家庭的带领者，他需要有权威。比如说在家里面，丈夫说一个什么事，妻子就跟孩子说："别听他的，都是废话。"这样的妻子就没有尊重丈夫。

所以聪明的妻子应该帮助丈夫树立权威。有的妻子在家里面掌权，不让丈夫在家里面管事，反而自己更累，因为丈夫觉得你不认可我，我就不干了呗，我也不负责任，不管了。家里面大事小事都是女人来，女人就会很累。

现在男人去上班，一天8小时，女人也一天工作8小时，男人干什么女人也能干什么，但是女人的身体比男人的要弱很多，担负同样的重荷，其实对女性太不公平了。

但女性下了班回家还得弄孩子、做饭、打扫卫生、收拾东西，所以我觉得女性要来引导和培养丈夫，让他承担起更多的责任，自己就没有那么累了。

一些女性觉得丈夫没什么了不起，离了你我照样能活——我根本不需要你！受到这样训斥的丈夫真的就不负责任了。聪明的女性该怎么做呢？她会说："咱们家离了你不行，你是咱家的顶梁柱！"

妻子要学会撒撒娇，当妻子撒娇的时候，丈夫的责任感会被激发起来，因为男人天生需要承担责任。以前我妻子有时候会说我这也弄不好，那也弄不好，我就会想：那得了，我都不干了，你来干，你干得好你干，反正我干了你也看不上我干的。

后来我妻子就学聪明了，她经常会赞赏我："咱们家这不啥事都得靠你！"反正她各种夸奖，夸得我心里乐开花了，我干活再累都觉得值了。为什么觉得值了？因为被认可呀！

女人要宠爱，男人要尊重，那么到底谁先迈出第一步呢？一定是那个愿意给予的人。婚姻当中的给予者，愿意为对方付出很多，为家庭而奋斗。索取者是什么？是从另外一半那里获得帮助和资源。

在婚姻当中，双方都要学习成为给予者，往家里面注入爱，这个家里面就充满了爱，这个家里面就会很美好。当然这样做是很难的，往往总会有给予者，也总会有索取者。有个小故事，一个丈夫找到咨询师说："老师，我妻子她就是一个什么都不做的人，她没有工作，全家都得依靠我来养活。"咨询师问他："你们家里面谁收拾屋子？"他回答："我妻子。""你们家谁照顾孩子？""我妻子。""你们家谁买菜做饭？""我妻子。""你的衣服谁给你洗？""我妻子。"问完这些，咨询师说："你的辅导结束了。"丈夫忽然明白了，原来他的妻子比他辛苦，可妻子从来没有抱怨过他。

我们来想一想，如果我们在医院里，你是愿意成为病人，还是愿意成为照顾病人的人？没有一个人愿意成为病人，是不是？因为病人是很痛苦的，你能成为帮助别人的人，说明你还有强健的身体，这是非常值得感恩的事。我们还有健康，还能去工作，还能帮助别人，这是多么美好啊！索取者呢，其实很多时候不是不想给予，是因为他做不到，他也很需要帮助，他很需要被理解。所以在婚姻当中要彼此理解。

我听到一些女性说："我嫁给他了，他就应该对我负全部的责任，买房、给我娘家送礼……"其实没有那么多应该，夫妻双方都不容易，女性不容易，男性也不容易。特别是结了婚之后，两个人要同心合意地过日子，正因为夫妻不一样，正因为两人承受的压力也不同，所以才需要彼此理解、共同承担。

婚姻像一个圆

记者：如果您给婚姻做一个比喻，您会把它比作什么?

赵豪：一个圆，总是重新出发，就像婚礼上新郎送给新娘的戒指。婚姻是一个盟约，盟约和合同不一样，合同是有期限的，双方是有违约责任的。合同有一个开始的日期，也有一个结束的日期。 盟约是不一样的。

新娘的父亲带着新娘，从地毯的那头走过来。新郎站在这头，等待新娘的父亲把新娘的手放在自己手中。这是一个父亲的嘱托，也是一个“主权”的交托。

女孩子没有出嫁的时候，父亲保护她，为她负责，当她结了婚，爱她、保护她的责任就交给丈夫了。整个婚礼现场，最感人的瞬间是什么呢？

最感人的瞬间，就是主持人宣布全体起立，大家鼓掌目送新郎、新娘经过红地毯，走出花门。

其实新郎拉着新娘的手从红地毯上走过去，这个过程就是一个立下誓言的过程——我们一生一世在一起不分开！这是最让人感动的时刻。

那么特殊情况下能不能离婚？我认为要视情况而定，并非统一标准所能界定的。比如说丈夫家暴，那么妻子被家暴几次可以提出离婚？如果有个规定，说5次就可以，那么妻子有意想离婚的话，去惹怒自己的丈夫，不就可以达到目的了吗？人心是很复杂的，不是依靠一些标准就可以修正其行为的。

婚姻原本是美好的，你中有我，我中有你，一生一世，可因为各种复杂的原因，很多人无法真正经历婚姻的美好。所以重要的不是能不能离婚，而是知道在婚姻中哪些方面能够成长和改变，如何能成为彼此的祝福、家庭的祝福。

我从来没有对咨询对象说过“离婚吧”或“千万不要离婚”这样的话，选择的权利在当事人。也有人跟我说：“赵老师，我实在过不下去了。”我也只能是帮他（她）分析，最后他（她）自己做决定。有时我会想，如果这是我的家人，我会怎么提供建议呢？我不会不疼不痒地说“回去吧，没事的”，我会设身处地为对方考虑。

我们希望婚姻是圆满的，希望爱情能到地老天荒。也许有人觉得这是梦想而已，但实际上，虽然有许多困难，但只要你愿意珍惜你们当初的承诺，愿意为你的配偶舍己，愿意去学习和经营婚姻，你仍然可以体会婚姻带给你和整个家庭的美好，并且可以不断重新出发，那将是你一生中至为宝贵的经历。

记者：您说婚姻可以过得很有滋味，那么该如何给婚姻调味呢？

赵豪：婚姻不是凑合着过，婚姻应该是有滋有味的，可以学习给婚姻加点调味料。第一种调味料是什么呢？约会。要经常带着你的配偶去约会，有的时候可能是去饮品店坐一坐、吃点东西聊聊天；有的时候可以是在小区散散步、谈谈心。约会有很多种形式，不一定要花很多钱，可以很简单，但要专注在对方身上。

如果可以的话，约会最好是夫妻两个人，要不然心思放在孩子身上就达不到约会的目的了。当然如果孩子小，找不到可靠的人帮忙带孩子，夫妻可以在孩子睡着了以后，在客厅喝喝茶、聊聊天。总之，形式不是最重要的，重要的是把眼光重新专注在对方身上。

约会的时候聊什么呢？建议不要聊一些待解决的事项，比如孩子学习、日常开支，等等，因为交流这些事可能会出现不同意见，还是另抽时间商议比较好。约会就谈谈你们两个人之间一些美好的事情，过去恋爱时的趣事、以后的梦想、现在生活中那些感恩的事。

回想我们刚结婚的时候，可能你看我、我看你，含情脉脉，怎么看都看不够，喜欢得不得了。但你会发现激情过去之后，可能有时候就不是这样了，因为激情留存的时间是很有限的，夫妻在平凡的生活中如果只看着对方，注定激情总有一天会消失，但如果两人一起同心协力去做一件有意义的事情，心其实会越靠越近。

结婚之后，如果两个人的生活风平浪静，其实反而容易吵架，无事不就生非吗？所以两个人要一起来做点事，一起参与一些公益活动，这样两个人的关系会越来越亲密，因为你们两个成了战友，战友情是不是非常亲密？

婚姻中第二种调味料是什么呢？宽恕。选择宽恕是一种释放，释放使人获得自由。夫妻双方要在婚姻里面得享自由，一定要学会饶恕。

没结婚之前，你一定要擦亮双眼；结婚之后，你却要学会宽恕。如果你不学会宽恕，就捆住了自己，也捆住了对方。因为夫妻双方的原生家庭、性格脾气存在差异，日常生活中一点儿鸡毛蒜皮的小事，真的就会让人不舒服，如果你不选择宽恕的话，就会每一天都生活在痛苦当中。

再给婚姻中加一种调味料，就是庆祝。把家变成一个快乐的地方，多一些庆祝的时刻，大事小事都可以来庆祝，为何不多留一些美好的记忆呢？试想，如果我们的家变成一个冷冰冰的地方，就没有人愿意回家。你试想上了一天班累得精疲力尽，结果又回到一个冷冰冰的地方，还不如在公司待着，是不是？所以有些人不愿意回家，就是这个原因。

有些人在家里面找不到归属感，找不到温暖，家成了一个很难受的地方，就不愿意回家了，所以要学会庆祝，多给家增添欢乐。无论是丈夫还是妻子，都可以动手把家收拾得很整洁。我是一个很喜欢整洁的人，所以我常常在家里面收拾东西，收拾利索了待在家里就非常舒服。

你的家不需要很豪华，但应该是一个很舒服的环境，其实你只要在家居布置上多留点心，你的家就会很不一样，家庭成员就很愿意待在家里。最怕的就是一进门堆的全是杂物，要找什么也找不到，那谁都不愿意在家里面待了。

为家营造一些温馨浪漫的气氛，也是非常值得的。我认识一对六七十岁的外国夫妇，他们每一次来北京，行李箱里都带着香水、蜡烛什么的，我去酒店看望他们，发现他们把酒店的房间重新布置了一下，显得很温馨，房间里还飘着淡淡的香水味。

很多女性，出门时会把自己精心装扮一番，可在家呢？就一身睡衣，邋里邋遢的。有些女性很重视到家之后的收拾打扮，因为她要把自己最美丽的一面给配偶看。

其实这些都是因着为对方着想，包括遇到事情时是“我们”而不是“我”，一起承担、一起面对。一起承担，包括经济上的压力、孩子教育、赡养父母等，不是一个人去承担，而是一起去承担。以前我妻子做饭的时候，我喜欢给她打下手；我做饭的时候，如果她在厨房陪着我说话，就算啥也没干，我也觉得被爱着。如果她在客厅跷着二郎腿看电视，我在厨房忙前忙后的，我就会觉得很不舒服。

小时候，是我妈妈在厨房做饭，我就搬一个小板凳坐在旁边陪着她，所以直到今天我回到家也是这样的，我妈妈在厨房做饭，我依然搬个小板凳，坐在厨房陪妈妈聊天。我没有那么多饭局，就陪着我妈聊聊天，她想去哪儿玩，想去哪儿购物，我就开车带着她，我妈每次都很开心，也特别受安慰。

婚姻关系也是这样的，常常在一起做一些事，说说话，那是非常美好的。重要的不是把饭做得有多好，不是把卫生打扫得有多好，而是两个人一起来做，这个过程是最宝贵的。

婚姻中的性

记者：许多夫妻都有性生活不和谐的问题，但大家都讳莫如深，您怎么看待婚姻中的性？

赵豪：夫妻在婚姻关系中享受性生活是美好的祝福，也借此生养儿女，延续生命。

婚姻中的性关系是一件喜事。性也是婚姻生活中要达成真正的合一不可缺少的一部分，美好的性关系可以增进和滋养两个人在婚姻中的爱与合一。

有相关数据表明，就算两个人特别相爱，如果进入婚姻之后没有健康美好的性关系，离婚的概率会更高。所以非常相爱的两个人如果没有良好的性关系，也很难维系婚姻。

婚姻中的性关系也是一种彼此分享的行为，我把我的身体分享给你，你把你的身体分享给我，这是对彼此的一种认同。同时，它应该是身、心的合一，并不是一件羞耻的事。因为性是一个隐私性的话题，所以不适合在公开场合谈论。

有专家这样定义完美的性生活：20%靠知识，80%靠正确的态度。良好的性生活更依靠正确的态度。最强大的性器官是哪里？其实是人的大脑。如果说在你脑海当中，你真的是带着对配偶的爱，你就很愿意和对方有美好的性关系。

如果你大脑当中并没有这种爱，你们中间还有摩擦和矛盾，你们是很难有美好的性关系的，特别是妻子更是很难把身体交给丈夫。

所以婚姻中的性生活，其实是操练爱的一种心态。夫妻性生活的内容是唯一不能与他人分享的，再好的朋友也不能分享，和父母也不能分享，是具有排他性的一种关系。

夫妻之间千万不要使用性作为惩罚对方的武器，这个也是特别重要的。女性比较喜欢使用这种武器，就是如果你不怎么样，我就不让你和我有性关系。这种惩罚对配偶是极为不好的。在人生遭遇忧伤痛苦的时候，配偶的安慰，包括性生活，对彼此相爱、互相扶持是极为重要的。

人通常有一种心理，特别是男人，如果在外面受到伤害或者承受了过多的压力，对于性的需求会比以往更高，也越渴望在性生活当中得到安慰。

记者：那么夫妻间怎样才能有美好的性关系呢?

赵豪：婚姻里面的性关系是圣洁美好的关系，人的性需要并非只为自己，也是为自己的伴侣而设立。不要什么事情都想着你要满足我，美好婚姻的秘诀是你开始去满足你的配偶，这样做更有智慧，因为两人都会得到满足。婚姻中的性应该有规律，不应该有讨价还价的情形出现，应该是很自然、很真诚的一种分享和体验。

在性关系上，夫妻两个人是平等互惠的，在此也要了解一下男女的差异性、倾向性、刺激性、心理性需要。

我们先看差异性。男性重身体，女性重关系，所以女性会有这样的认知：如果我们有很好的关系，我就很愿意把身体交给你；如果没有很好的关系，我就不愿意把身体交给你。这方面男性就不一样。男性认为你要把身体交给我，我就跟你有很好的关系。所以你会看到男性会花钱发生性关系，他可能跟这个女的从来没见过面，立刻就可以上床。对男性而言，情感与理智是可以分离的，性是性，感情是感情。

对大多数女性来说，性与情感分离是不可能的。男性重视身体的合一，女性重视感情的合一。对男性来说，性是优先的；对女性来说，可能优先的是其他事情。如果丈夫让妻子伤心了，妻子就不会与丈夫有好的性关系，所以丈夫要学会让妻子开心。

男性重视视觉，女性重视触觉；男性重视嗅觉，女性重视态度。有一个数据显示，某国家有一段时间在汽车上印了很多穿着性感的女郎，结果交通事故大幅增加，因为很多男性一看到就被吸引了。

男人也比较注重女性的身材和相貌，长得好不好看？穿衣打扮漂亮不漂亮？但是女人更注重个性及内在品质。女性很注重浪漫的气氛，而男人不需要更多铺垫，直接就可以进入状态，女性则需要较长时间的培养。在性心理方面，男性的需要是被尊重、被仰慕，女性需要的是被了解、被呵护。

男性更关注身体需要，女性更关注情感需要。男性在20岁左右，性需求是比较高的；女性在30岁到40岁左右的时候，性需求是最高的。

对性刺激的反应速度，男性是很快的，女性是较慢的；男性比较主动，女性比较被动；男性不易被干扰，女性容易被干扰。变化多端是性爱的佐料，在确保隐私和安全的情况下，夫妻可以放开想象力和创造力，比如尝试不同的地点、不同的体位，等等。

总之，在婚姻的性关系里面，很多都是可以做的，不在婚姻的性关系里面，都是不可以做的。夫妻二人赤身露体并不羞耻，但是仅限于夫妻之间。在婚姻的关系当中，性应该是健康的、安全的，也应该是两个人都比较容易接受的、为对方着想的。现实生活当中，有不少婚姻中的性关系是有困难的。

此外，金钱或者价值观的冲突、争吵和尖酸刻薄的话语都会给夫妻生活带来不良影响。还有一些错误的观念，比如很多男人觉得女性喜欢比较粗鲁的男性，觉得这叫勇猛，其实不然，大多数女性更喜欢温暖有爱的男性。

一个男人想在夜晚有美好的半小时，他必须留意其他的23个半小时的菜单上有没有即兴做爱这道菜，这是男人要特别记住的，如果你没有好好地对待你的妻子，你就很难享受两情相悦的性生活。

没有谁喜欢和一个邋遢的人做爱，所以要洗澡，保持卫生整洁，把自己弄得干干净净的。还有要拒绝外来其他事情的干扰，要是一会儿这事儿一会儿那事儿的，就没有心情了。

慢慢挑动对方，特别是女性，本来女性就是比较慢节奏的，要有耐心。要赞赏对方，温柔地对待对方，还不要忘记锁门拉窗帘。婚姻中的性关系是隐私，这一点一定要记得。

不要把所有的期望都放在配偶身上

记者：现实生活中，许多夫妻都被失望的情绪困扰，甚至怀疑能从对方身上找到真正的慰藉吗?

赵豪：人的爱都是有限的，我们期待配偶给我们无条件的爱和接纳，但是往往会失望，所以千万不要把这份爱寄托在配偶身上，其实配偶是做不到的，因为配偶的爱和我们自己一样是有限的。

很多女孩子会高看自己的男朋友，为什么？因为结婚之前好像男朋友无所不能，提什么要求，立刻就被满足。结婚之后，她依然认为自己的老公无所不能，后来发现这是假想。记住，千万不要把要求都强加在对方的身上，你的配偶是做不到的。

人生在世，你会发现其实我们每个人都是很孤独的。你孤独的时候会渴望找到一个伴侣，渴望得到温暖。但当两个人在一起的时候，时间不长就开始吵架了，因为都不是对方期待的样子。怎样才能解决这个问题？三股的绳子不容易折断，除了你的配偶，还应该有另一股支撑的力量。我们需要来自外界的援助，这种援助是相互的，可以彼此成就。

我认识一些家庭，会常在一起学习亲子课、婚姻课，也约着一起外出游玩，彼此之间就成了互相支撑的力量。一个朋友的家庭生活乱七八糟，妻子和他分居，孩子网络游戏上瘾，他感觉走到了人生的尽头。但他愿意学习、愿意成长，一点一点地改变自己，重新学习去爱他的妻子，爱他的孩子，他的家庭慢慢又重新凝聚起来。他自己一路经历过来，就又去帮助周围的家庭，还帮助很多大学生走出迷茫和困惑。

每个家庭都有自己的难处，我也是一样。我担心妻子的病、孩子的教育，我以前总是做一个梦，梦里有人追我，我却跑都跑不动，心里不免恐慌。后来我不怕了，梦里好像也变得勇敢了，有些什么东西来追我时，我能朝着它跑过去。我就发现黑暗和恐惧都没有了。

所以我觉得人生其实就是这样的，遇到问题要解决问题。多去鼓励对方，不要被眼前的困难吓倒，当你有信心了，你也能鼓励和帮助别人。无论配偶遇到什么，我们都应该成为对方的避风港湾。

想找到一个完美的配偶？这是不可能的，因为世上不存在完美的人，我们自己都不完美，怎么可能找到一个完美的配偶呢？我们先要学习如何成为一个好的配偶，安心在婚姻里，关上后门。工作是永远忙不完的，家庭是最核心、最重要的，任何重要的工作都不应该影响家庭的美好关系。

有的妈妈说："孩子小的时候，我直接把工作放下，照顾孩子照顾家，现在孩子大了，已经好几岁了，我能不能去上班？"其实女性们也要有自己的工作，如果孩子稍微大一点儿，家里没有那么多事了，女性外出工作，在工作中可以得到成长，见识也会增长。

有的妈妈说被孩子嫌弃，为什么呢？孩子天天上学，妈妈天天在家，知识增长缓慢。这种情况下妈妈可以找份工作去做，哪怕做简单一点儿的工作，也会不断学习和成长。

女性陷入抑郁症的比例在逐年增高，家庭财务、职业发展、家庭暴力、出轨……往往这些都是致命的问题。家庭和婚姻的问题常常是复杂的，有时我们简单说一个男人出轨了或者一个女人出轨了，表面看是这样的，但往往还有许多没有被看到的原因。一个人不成长和改变，问题永远都在那里；一个人开始成长和改变，问题就会被不断破解，经历也会变成财富。

最成功的投资人

——写给我最最亲爱的老公

亲爱的老公:

依然记得我们第一次见面的时候，你穿着一身蹩脚的黑色西装，站在落叶纷纷的树林里，就那么眼睛眯眯地笑着，学校摄影协会的会员们在周围热烈地交谈着。

恍惚之间，近二十年时光已如白驹过隙。

感恩在这些年的时光中有你，能和你相知相守更是我一生最大的幸福！你给了我一个女人最需要的一切，你的爱让我不虚此生！

现在真的想好好地写写你给我的爱，但这爱怎是这笔端能够淋漓表达的呢？你在我们的爱情银行里存了很多的钱，而这钱也为你带来了超值的回报：伉俪情深、婚姻稳固。虽然已经共同走过这么多年，但我们的爱情依然充满了浪漫的激情。所以我说，你是个最成功的投资人！我以一个财经评论员的身份来分析一下你是如何成为一个最成功的投资人的吧。

你的第一笔成功投资——唯一的爱。这世上美丽的女子众多，但你只以我为最美。你常常将我搂在怀里，告诉我我有多么多么的美丽、多么多么的聪慧。我看进你的眼眸深处，想看看，你说的是不是真心话，结果在你诚挚的瞳孔中，我看到了两颗闪闪发光的钻石。于是在你的肯定、接纳和赞美中，我越来越自信了，我像朵花一样尽情地绽放了。我想，我一定要不负所望，做你眼中永远的钻石。于是，你的投资得到了回报，你收获了一个美丽、聪慧的妻子！

你的第二笔成功投资——智慧的爱。每个人都是不完美的，我也一样。从一个女孩成为人妻，需要在心智上有很大的成长，而我根本不懂，也根本没有准备，你却包容、接纳了我的成长过程。我要小脾气、使小性子，你都不介意，反而将我搂入你宽阔的臂弯，用你智慧的爱对我循循善诱，手拉手带我成长。每次你给父母买东西、送钱，你都让我来送，教会我如何与你的父母相处。我是一个不太会和人相处的人，你引导我不断突破自己；我害怕面对困难和挫折，你以乐观和主动激励我；家务活枯燥累人，你就和我一起做，还告诉我这其实都是你的责任，谢谢我替你分担，我感动得一塌糊涂，自然更努力做家务了……于是，你的投资再一次得到了回报，你收获了一个贤惠、成熟的妻子！

你的第三笔投资——牺牲的爱。这是你做出的最大、最艰难的一笔投资，也是回报率最高的一笔投资。

生活不总是一帆风顺，有甜就有苦，可是我们的苦似乎来得更早了些。结婚一周年的时候，我病了，病得很重，全身多处关节红、肿、痛，腿和脚肿疼得走不了路，胳膊和手肿疼得什么力气都没有，晚上睡觉后背疼，早上起来颈椎也只能左右转动十五度角，整个人半残废了，医院诊断为类风湿。我一下子蒙了，难以面对，你在旁边一直宽慰我，我知道其实你的心里也很难受。接下来，求医问药，几经波折。然而，最艰难的不是这些，最艰难的是你要日日照顾我的饮食起居。我上下楼，你背着；我半夜背疼得没法睡，你起来给我按摩；里里外外、洗洗涮涮，你一人担着……

记得2010年，我的病稍好一点儿，你要到俄罗斯去拍摄，就带着我一起去。在航站楼里，我的脚突然又疼得走不了路了，你就一边背着我，一边推着沉重的行李车。半夜两点多的航站楼里，没有什么人，你先把行李车往前推一段，放在视线能及的最远的地方，然后跑回来背我，然后再把行李车往前推一段，再跑回来背我。从安检到候机位，我们整整走了一个多小时。当时，我趴在你的背上，你的上衣因出汗湿透了，我知道，我不是坐飞机飞出国的，我是在你的背上飞越国境线的……

就这样，我的病时好时坏。在这些年当中，我知道你也哭过，也软弱过，虽然也有未能尽心的时候，但我知道你尽力了，我很感恩。

记得那年十一月份，我的病突然加重，手都够不到脸了。我洗不了脸，刷不了牙，吃不了饭，走不了路，几乎瘫痪在床，你急得带我到山东去找一位老中医。到山东后，我们住在一个朋友家里，朋友家是农村的，条件差，没有坐便器，而我的腿是根本蹲不下去的，往下一蹲，就直接坐在地上，我吃的药让我一天至少去三次大号，每次你都得扶着我上厕所，臭烘烘的蹲坑，让我边方便边哭。你也气得不行，说怎么成这样了，越来越重。每天帮我穿衣服、刷牙、洗脸、喂饭的时候，你也是气鼓鼓的。那段时间，我几乎要崩溃，活得一点儿尊严和意义都没有了。你也是要崩溃了，长久以来的照顾已经是搁在你身上很重的担子了，我的病情却越来越重。还好，我们共同的爱让我们在茫茫的黑夜中，依然看见希望的指引，我们都熬过来了。

你用你的爱背起我，一起出黑暗入光明！你用你的牺牲赢回了一个健康的妻子，一个也愿意以牺牲和爱来回报你、一生忠诚于你的妻子！

亲爱的老公，就是你的这三笔投资，使你成了最成功的投资人！就像一个聪明人盖房子，将根基建在磐石上，而非沙土上，日晒、雨淋、风吹，总不动摇！

身边常常有朋友问我她们该找个什么样的老公，我会幸福地毫不犹豫地回答,找像我老公这样的！

正值我们结婚纪念日，不知道该怎样感恩，聊以此文，作为纪念！

你最爱的妻子

小娟

赚得全世界，赔上自己的儿女有什么益处呢？ 

PART 2.1

亲子

孩子怎么了？

曾经的小可爱哪儿去了？

孩子，是家庭的希望，是国家的未来。若干年以后，我们不会因为住过多大的房子，开过多豪华的车子而觉得人生有意义，只有当我们真正教养好一个孩子，影响了一个孩子的生命，我们才觉得人生没白活。可是，在我们匆匆忙忙为孩子打拼时，却猛然发现，孩子好像出问题了……

我们倾尽所有要给孩子美好的明天，可孩子却从我们的期待中悄然滑落，甚至将父母的心轰然击碎。曾经那个蹒跚学步、咿呀学语的小可爱哪儿去了？我们的孩子到底怎么了？

记者在采访亲子教育专家赵豪老师时，听到了一个特别扎心的案例：某高中男生辍学在家，天天关着门打游戏，妈妈“威胁”他再不去上学就“断粮”。孩子淡然答道：“断就断。”然后他两天两夜不吃饭不出门。最终，妈妈投降了，找到赵豪老师哭诉：“只要你能让我儿子马上摆脱电脑游戏，重新回到学校，付多少费都可以。”

赵豪老师诚实地告诉她：“我没有办法立刻改变他，能改变他的只有你。以前是这样，现在还是这样。可能你无法像期待中那样很快看到他的转变，但你仍然可以让他明白，无论如何，你都会爱他，会一直陪伴他面对一切困难和挑战。”

父母们不要灰心，你们从什么时候开始都不晚。在孩子小的时候，你们一定要抓住可影响孩子的阶段去影响孩子；当孩子步入成年，你们仍然可以站在他的身边陪伴他，做他忠诚的顾问与朋友。

本章是记者对话亲子教育专家赵豪老师的访谈实录，内容涉及在孩子成长的不同阶段父母需要把握的重点、应当避免的误区、实战案例，以极贴近实际生活的视角，帮父母看到：我的孩子到底怎么了？我们到底能够怎样帮到他（她）？

把时间和心放在孩子身上吧，这是作为父母的我们对未来最有智慧的投资。

一只鹦鹉落在曦曦头上

你是否捡了芝麻丢了西瓜

记者：现代父母都在努力给孩子最好的，但，到底什么是对孩子最好的?

赵豪：这是一个好问题。父母都铆足了劲儿让孩子不输在起跑线上，所以从幼儿园开始就学这学那，但我不得不说，许多父母是捡了芝麻丢了西瓜，没有抓住孩子每一成长阶段的核心和重点，因此在人生这一长跑的开始，就在削弱孩子真正的后劲儿。

比如3岁之前是建立孩子安全感和信任感的重要阶段，其中0到1岁更是健康依恋关系形成的关键时期，许多父母却错过了这个培养亲密关系的重要阶段，把孩子交给老人或保姆。到了青春期，父母与孩子没有亲密关系却要硬管孩子，因此造成激烈的冲突。曾经有调查机构在中国的4个城市抽样了4,000名青少年，数据表明48%的青少年想过自杀，37%的青少年尝试过自杀。青少年心理问题的日益严重与原生家庭亲密关系的缺失有很大关系。有的父母可能觉得自己家孩子还挺好的，也许那是因为你并不真正了解你的孩子，不了解孩子心里面的真实状态，你看到的只是他的表象。

父母常常把希望寄托于重点学校、升学率高的学校，其实，父母才是孩子最重要的第一任老师。父母要不断地学习和成长，要抓住最核心的问题去教养孩子，而不要只盯着一些技巧和方法。要想抓住重点，就要了解亲子教育中的一些规律。18岁以前，是父母可以影响孩子的阶段，父母一定要抓住，要不然到了孩子成人之后，父母再想影响孩子难上加难。0—18岁，又可以分为两个阶段，一个是0—12岁的家庭影响阶段，另外一个是12—18岁的同龄影响阶段。在0—12岁的家庭影响阶段，家庭的干预是比较有效的；过了12岁，孩子就进入了同龄影响阶段，家庭对孩子的影响就越来越小了。

记者：看起来父母可以影响孩子的时间是很短的，您能更细地讲

一下父母可以影响孩子的阶段吗？

赵豪：我们要培养孩子的好习惯、好品格，就要抓住家庭影响阶段，就是12岁之前。在此阶段中，3—7岁（孩子上幼儿园左右的时间段）更是重点中的重点，是孩子成长的黄金阶段。

12岁以前，也分母亲影响阶段和父亲影响阶段。0—6岁是母亲影响阶段，这个阶段，如果父亲出差一段时间，孩子最多会说“爸爸我想你了”；如果母亲要出差一段时间，对孩子将是非常大的挑战，孩子会很难受。

7—12岁，是父亲影响阶段。在此阶段，孩子很愿意和爸爸一起出去探险，发现外面新奇的世界。在这个年龄段，孩子对于外界的探索变得迫切而强烈，而父亲最适合带孩子一起去探索、去发现。

12—18岁，就是同龄影响阶段了。当然这是一个大致的划分，不是绝对的。有的父母说：“我的孩子七八岁了，还是不愿意和爸爸一起玩，还是黏着妈妈。”这也很正常，可能爸爸比较严厉，不会表达爱，或者不会和孩子相处。以上是从孩子成长的需要这个角度来划分的，比如6岁以上的孩子，他是很渴望出去看一看的，已经不满足于每天和妈妈待在家里，想做一些冒险的事。

比如说我的女儿就特别喜欢我给她读《我们要抓狗熊》这个绘本，她觉得抓狗熊没有什么可怕的，小孩子要是和爸爸一起出去抓狗熊，就算失败了，也是一件特别值得自豪的事。

书中描绘了这样一个故事，爸爸带着三个孩子去找狗熊，他们穿过森林，又趟过小河，走过很多的地方，他们终于发现前面有个大狗熊，他们吓得落荒而逃，大狗熊在后面追他们……对小孩子来说，和爸爸一起去探险是多么新奇有趣啊！

父母一定要抓住最佳的教育时期。孩子超过12岁，家庭对他的影响就越来越小。我们辅导比较多的是12—18岁的孩子。孩子与父母没有亲密的关系，12岁之前父母还管得了，到了12岁之后就没法管了，说什么孩子也不听，就是跟父母对着干，要死要活地跟父母吵。

所以到了同龄影响阶段，挑战会非常大，很多父母痛苦得不得了。有的孩子在这个阶段被网瘾捆绑，有的沾染不良嗜好。

记者：看起来父母用功夫要用在刀刃上，也就是在孩子12岁之前。

赵豪：对，教育青春期孩子要面临非常大的挑战，父母一定要把更多精力放在12岁以前。0—1岁实际上是依恋关系建立的阶段，是孩子安全感形成的重要阶段。妈妈们都有这样的经验，一个新出生的小婴儿，你抱在怀里他就睡得很踏实，有时候睡着睡着哭了，妈妈拍一拍，婴儿感到妈妈在身边，就又踏实地睡着了。

有的父母说抱着睡多不舒服，放床上睡！可是你把他往床上一放，他就哭了，一抱起来，他感受着妈妈的体温，就又睡着了。这里说的是安全感，是需要和被需要的满足。等到了孩子两三岁，开始慢慢建立信任感时，父母千万不要跟孩子玩这种游戏：说好和孩子玩捉迷藏的游戏，然后蒙上孩子眼睛，等孩子睁开眼，发现妈妈真消失了，原来妈妈是偷偷上班去了，要到晚上才回来。这会破坏孩子对父母的信任，会令其极度没有安全感。

养育一个孩子，就像建造一栋房屋，首先要把地基打结实，再一层一层往上盖。养育孩子的地基是什么？就是接纳。养一个孩子，首先你要和他（她）建立很亲密的依恋关系、信任关系，这样你的爱他（她）才能收到。

我们讲的接纳是指什么样的接纳呢？是你做得好我就接纳你吗？孩子努力做好，来赢得父母的接纳，是这样吗？这还不算接纳，真正的接纳应该是无条件的。

“明德、明天、明月”儿童希望开学第一课演讲现场

我们的爱，是否成了孩子的痛?

记者：没有父母觉得自己不爱孩子，可为什么父母的爱却让孩子感受不到呢?

赵豪：因为我们对孩子的爱常常附带着各种各样的条件，反而成了孩子的负担。我们的孩子其实不需要付出额外的努力，因为他是我们的孩子，他就值得被爱。你成为他的父母，他成为你的孩子，你就应该去接纳他。父母有意无意会说："你要好好学习，给老爸老妈争光啊！"那后面的意思就是，如果你考不好，还有脸回来吗？对得起我给你好吃的、好穿的吗？其实不少父母是这么想的，也是这么说的。孩子知不知道父母的心理？知道！孩子会觉得父母爱的其实是自己的面子。

对孩子真正的接纳不应取决于孩子外在的表现：他可能学习成绩好，也可能学习成绩不好；他可能长得高，也可能长得矮；他可能胖，也有可能瘦……无论他是怎样的，你都接纳他，这才算是真正的接纳。如果我们按外在表现去接纳，那没有一个人是值得被接纳的，因为我们都有缺点，而且永远都做不到完美，永远都有问题。

我有一次讲到接纳是无条件的爱，孩子无论做得怎么样都值得被爱，有一群学生瞬间就鼓起掌来了。后来他们跟我聊，说学校老师天天喊“你考不上清华，考不上北大，考不上大学，你就什么都不是，一辈子就完了”，老师用口号告诉他们——只有考上大学才有价值，考不上大学就没有价值。你想想，一个人的价值如果建立在这上面，大多数人永远都得不到对自己身份的认同。

记者：如果无条件接纳孩子的话，孩子会不会无法无天？

赵豪：无条件接纳不是溺爱。接纳是接纳了这个人，比如说我爱我的女儿，无论将来她想学什么专业、考上什么样的学校，我对她的爱一点儿都不会减少。就好像我们生活的这个世界中，有亿万富翁，也有一贫如洗的穷人，但阳光雨露一样给到每一个人，不会因为谁有钱就多给谁一些。每一个人的生命都是宝贵的。

有个讲美国前总统杜鲁门母亲的故事。那是杜鲁门竞选的时候，所有美国人都围在电视机前等着看选举结果，也有很多记者围在他家门口。结果出来，杜鲁门当选了总统。记者赶紧采访杜鲁门的母亲，问她："你的儿子当选了总统，你感到骄傲吗？"杜鲁门的母亲说："我的儿子当选了总统，我非常开心，他可以为国家去做更多的事情，更好地服务国家。我还有一个儿子，他正在地里挖土豆，我依然为他骄傲，因为他们都是用自己辛勤的劳动去服务大家，去服务社会。"

我觉得这是一位非常有智慧的母亲，没有觉得"我家儿子光宗耀祖了，当总统了我就开心，而那个在地里挖土豆的儿子挺丢人的，别提他了"。她没有通过外在的这些光鲜的东西决定自己对孩子的爱，她对每个孩子的爱都是一样的，认为每个孩子都是独特的，只是分工不同而已。那么我们的孩子有的学习成绩好点儿，有的学习成绩差点儿，有的长得漂亮一点儿，有的长得没那么漂亮，父母不要把孩子分成三六九等，我们的孩子都是值得被爱的。

在无条件接纳的基础上，要给孩子界限。如果一个孩子是被接纳的，同时他也是有界限感的，这个孩子就能身心健康地成长。如果他只是被接纳，而没有界限，你会发现这个孩子没规矩，很难和人相处。没有界限意识，也就不会去尊重别人。如果一个孩子只有界限意识，而没有被接纳的话，他虽然外表看着恭恭敬敬，很有规矩，但是他内心却不一定是健康的，心理很可能是扭曲的。真实的接纳才能带来温暖健康的关系，从这点上来讲，无条件的接纳绝不是溺爱。

记者：嗯，说到溺爱，我们身边也并不缺少这样的例子。除了溺爱，生活中还有哪些错误的教养模式呢?

赵豪：通常亲子教育的类型有四种模式，即：暴君型、冷淡型、溺爱型、平衡型。暴君型是什么样的？全是管教，叫你怎么做你就怎么做；冷淡型呢？我不爱你，也不管你，你自生自灭。

有个学员告诉我说，他爸妈从来不管他，他能长大都是个奇迹。然后等他自己结了婚有了孩子，依然是这种循环：一点点儿大的孩子，饿了自己找点东西吃；他和妻子有时候不回家在外面忙，也从来不给孩子打个电话，反正到点了孩子该弄吃的弄吃的，该写作业写作业，学习成绩好也罢、不好也罢，孩子自己负责就行了。

我问他是不是充分信任孩子才这样的，他说还真不是，他就是不上心。这样的父母就是冷淡型的，完全视孩子如空气一样。

再看溺爱型。小心翼翼地呵护，把孩子宠成小皇帝，孩子想怎么样就怎么样，完全以自我为中心。这样的孩子很少受到管教，也没有界限意识，长大之后是容易吃苦头的，因为缺少界限意识和规矩，想怎样怎样，他们不懂得体谅别人。

平衡型是指接纳孩子的同时，也给孩子立界限，是爱和管教平衡的教育，这是我们后面重点要讲的。

记者：会不会有人觉得，我父母啥也没学过，我不也长大了吗？不也成家立业了吗？

赵豪：我想说的是，现在父母面临的挑战与以往是不同的。过去的孩子放了学都干啥？跳皮筋儿、踢盒子、玩泥巴，到处疯跑；现在呢？有个老师在学生宿舍拍了张照片，宿舍里所有孩子的造型全一样——拿着手机玩游戏。

网瘾、毒品、色情……在当今比以往更肆意地入侵着孩子的世界。曾经有个报道，缉毒警察抓了一些毒犯，他们交待如何控制青少年，就是领着他们玩，然后让他们去吸毒。十几岁的孩子一旦染上了毒瘾，让干啥就干啥，包括让未成年女孩子去卖淫。这样的犯罪团伙专门盯着幼童，让一个成年女性去卖淫，他们得到的收入很一般，但是如果让一个儿童去卖淫，他们的收入就很高，所以这些毒犯会不择手段，用毒品去控制幼童，以达到赚钱的目的。

过去时代的孩子，好像是一艘小船在池塘里面，父母还敢让孩子脖子上挂着钥匙，自己回家，或者出去瞎跑，到点了叫回来吃饭。今天谁敢？小船已经不是在池塘里了，是在汪洋大海里，风浪起时随时都可能被掀翻。

你已身在战场，还不全副武装？

记者：您觉得当下的亲子教育面临哪些挑战？

赵豪：第一个挑战是父母不重视。父母觉得把孩子送给老师就行了，所以注意力放在找好学校、报补习班上面。谁是对孩子影响最大的人？是孩子的父母。孩子是你的孩子，你无法逃避，更不可替代，你必须面对。

如果你不愿意教育你的孩子，这个社会上有很多人想来“教育”你的孩子，但这些人会把你的孩子带到哪儿去？你能意识到这里面潜在的危险吗？比如对儿童进行性教育，父母说我教不了，我也不想学，那谁能教给孩子呢？仅靠学校可以吗？网络上充斥着色情陷阱，孩子误入其中怎么办？谁也取代不了父母，父母最适合与孩子谈论性的话题，并借机给孩子爱的教育。

调查显示，70%的儿童性侵案是熟人作案，老师、邻居、亲戚……父母千万不要有侥幸心理，没有任何人能取代父母的职责。

第二个挑战是父母不懂得。如何进行亲子教育？有哪些基础的原则和方法？这是我们要学习的内容。

第三个挑战是父母没时间。其实，这个挑战和第一个挑战是有因果关系的。你认为重要的事情你一定会有时间，你之所以没有时间教育孩子，是你还没有意识到亲子教育的重要性。我们有些学员，上了一夜的夜班还要赶来学习亲子教育课程，为啥？重视！如果你认为一件事不重要，那你就去看电视或睡大觉了；如果你认为一件事很重要，你就一定会想办法抽得出时间。

第四个挑战是世俗化的风气、混乱的价值观对孩子的影响。比如功利主义的价值观，对自己有利的事就去做，对自己没利的事就不去做。这种价值观对于我们的孩子有没有影响？当然有。

我有一个同事曾跟我说，儿子放学回家，孩子妈妈跟他说要好好学习，没想到他儿子说：“学习不是为了以后多挣钱吗？现在我还小，将来我想想怎么挣钱做生意就行了。”孩子妈妈很震惊，觉得一个小学生怎么能说出这样的话？家里也没人这么教他呀！这个小男孩告诉妈妈说，他们班的同学经常议论怎么能挣钱。挣钱已经是小学生的话题啦。

我们成年人呢？在一起聚餐聊什么？谁谁发财了，啥都不愁了，仿佛人活着就是为了挣钱。这种观念健康吗？如果整个社会的价值观都以钱为导向，我们的社会还有希望吗？

记者：是呀，父母和身边人看重什么、追求什么，对孩子势必产生影响。

赵豪：如今，信息化也动摇了成年人的权威地位。过去的父母常常说“我吃过的盐比你吃过的饭多，过的桥比你走过的路多”，过去的父母觉得自己的阅历比孩子多，所以有权威。现在呢？做父母的有很多事还得求助于孩子——网上咋付费？这个东西怎么买？怎么定位、怎么导航、怎么挂号？网络时代的孩子比父母更有生存能力。

有一次我带着一群朋友去长城玩，我们好不容易排大长队到了卖票窗口，结果人家说不卖，我问为啥不卖？他说这旁边有个二维码，自己拿手机扫码买票去，这边只办退票和其他的业务。我带的朋友大都来自农村，这可费了劲儿了，光买票就弄了半天。

孩子对于新事物的接受越来越快，父母却越来越落伍。信息不对等，父母跟孩子说话还能那么理直气壮吗？父母有求于孩子，权威地位就会动摇。最有代表性的是小留学生的父母。在国外，父母不会英语，旅游、购物、问路、进超市……全靠孩子。

据报道，当今人类的性成熟每5年以0.5岁的速度往前推进，相当于10年推进1岁。比如说我们过去讲青春期从12岁开始，那10年后就变成从11岁开始了，再过10年可能就变成从10岁开始了，这个速度是很惊人的。所以父母要不断地学习，学习新的知识和教育技能，要不然根本不知道如何面对孩子快速成长带来的各种变化。

现今还有这样一种风气，父母为了让孩子考出好成绩可以牺牲除学习以外所有的乐趣，自己做出牺牲，更让孩子做出牺牲。我有一个朋友，一心想把孩子培养进名校。从孩子上幼儿园开始，他们就搬离了自己在郊区的大房子，挤进了市里的爷爷奶奶家。爷爷奶奶住在一个老旧的小区里面，房子特别小，只能上下铺，他们睡下铺，儿子睡上铺，爷爷奶奶住在另外一个小间里面。就这样一住很多年，孩子除了学习还是学习。

后来他告诉我孩子终于上了重点高中，进这所名校的都是尖子生。孩子压力越大，肥胖越严重，眼镜片也越来越厚，见人也不会说话，老是低着头，每天写作业写到凌晨。我举这个例子是想提醒父母，别为了高分不管孩子的身心健康。只要学习成绩好就行，这种价值观和做法伤害的还是孩子。

记者：嗯，您说到的这些挑战，都是特别现实的问题。

赵豪：其实我觉得未来亲子教育面临的更大挑战，是移动互联网5G技术所带来的革新。科技改变了生活，也带来了亲子关系的挑战。我们的孩子从小就生活在电子游戏的世界里，很容易分不清真实和虚拟。有报道说有个小孩子走在天桥上，恍惚间觉得自己是游戏中的人物，就从天桥上跳下去了，觉得反正有很多条命，大不了重来一次。

游戏可以重来，但人生不能重来。人的生命只有一次，但是游戏里面的人物是可以拥有无数条命的。《头号玩家》是一部由美国著名导演斯皮尔伯格执导的电影，很多人觉得这是一部科幻电影，可我觉得按照目前网络信息科技的发展，科幻会变成现实，世界将会迎来更难以想象的变化。

过去我们要建一个农贸市场，要把地皮买下来，要拆迁，要用大量的工人搞建设，要花很多钱。现在，大家都在网上购物，却又想拥有现场购物的感觉，怎么办？建虚拟的市场，戴一个头盔就可以解决所有问题——进入一个虚拟世界，琳琅满目的商品可以无限扩充。就像在淘宝、京东开个店不需要花什么钱，它只是一个数据代码而已，所以人们会越来越不注重真实世界的建设，反而会把精力放到虚拟世界的建设上面去。将来的世界谁掌握了互联网，谁就掌握了未来。

现在孩子怎么玩游戏？坐在电脑前对不对？未来呢？未来将是介入式的虚拟世界，增强现实系统。AR头盔最早出现的时候，我就买了一个来体验，真的是瞬间进入另外一个空间。比如说你在另一个空间里，给我发一个信号，我瞬间可以进入你所在的空间。但实际上我真实的身体是没有进去的，还在我原来的空间里，但是我的思想已经在虚幻世界里面，所有的东西都可以看得清清楚楚。我出差比较多，交通工具选的最多的就是飞机，过去我坐飞机得提前两三个小时过去，行李托运、进行安检，要花费很多时间。现在我发现不需要那么长时间，因为托运行李都自动化了。我记得有一次我好像一分钟就搞定了托运行李，转身要走时，被一个大爷拦下了，他请求我帮他一下。我一看排队的全是年长的人，年轻的都选择了快速的自助托运。

未来的世界真的会有翻天覆地的变化。现在乘坐出租车，还得招手，告诉司机你要去哪里；以后你要坐出租车，用手机控制就行了，没有司机，上车，系统设定完成，出发！如果这成了我们生活常态的话，孩子会有一些什么样的变化？我觉得不敢想象。

父母强权下扭曲的“乖小孩”

记者：我们很多人都不自觉地沿用了父母一辈养育我们的方式来养育自己的孩子，您能分析一下这些养育方式吗？

赵豪：对，就算我们不想，可我们实际上也常常在沿用上一辈人的养育方式。在这些养育方式里，第一种就是强权式养育。如果父母很专制，孩子就感受不到被接纳和被爱，容易失去自我，意识不到自己的权利和界限。强权式父母的特点就是所有事情都要按照“我的思路”“我的节奏”去做，孩子觉得父母已经拿定主意了，反正自己说什么也不算数，因此既不敢表达自己的想法，也不敢反抗父母的意志，怕一个不字出口，招来父母的责骂。我小的时候就常常是这种心态。我们弟兄两个，我哥是一个比较调皮的孩子，我经常看到他被父母揍，所以我做事就谨小慎微。

我记得比较清楚，有一次我爸问我："我想给你买双鞋，你想要什么样的？"我说："什么样的都行。"他说："你到底想要什么样的？"我说："我不知道，你买什么样的我就要什么样的。"因为经常看到哥哥被揍，我本能地怕危险，怕被打，怕被骂。

我老家，一年当中有几次特别隆重的集市，我们当地叫赶会。每到赶会的时候，家里面就开始发钱，给小孩子也发一些零花钱，这样小孩子到集市上可以买吃的、买玩的。

我印象很清楚，每次发零钱时我爸都先问我哥："你要多少钱？"我哥马上回答："10块！"我爸就开始训他："你还要10块！你考试考得怎么样？你学习不积极，要钱你可积极了！"我哥就不吭声了，反正他性格皮，父母爱说啥说啥，只要给他钱就行。轮到我这儿了，我爸问我要多少钱，我说我不要钱。我从小自尊心就特别强，宁愿什么都不买也不想让父母说我。然后我爸就会说："小孩子都给的，你就说你要多少吧！"我的回答是多少都行。

我妈每次都会说这个孩子聪明，因为当我这样说的时候，父母就很开心，觉得孩子懂事，实际上我还真不是懂事，就是觉得反正我说了也不算，爱给多少给多少，无所谓。其实也就是意识不到自己的权利和界限。每一次，我拿到的钱都是最多的，我哥反而拿得少。其实我哥和我在内心里对权威都是抗拒的，只是我哥表现出来的是抗争，我是逃避。

在强权式家庭里长大的孩子总是活在别人的眼中，在意别人对自己的看法，渴望有一个好的表现，来证明或是赢得父母对自己的爱。孩子会觉得如果我表现得好，父母就爱我；表现得不好，父母就不爱我。我就是这样，从小什么事情都要做好，让父母开心，以我为荣。

我曾经写过一篇文章，讲述我个人的经历。证明自己的人生活得太累了，这不是在享受生活，而是每天都在争得肯定。冬天，小孩子都不愿意起床，但我为了表现好，也是因为恐惧，总是赶紧起来，因为我看到我哥已经被骂得狗血喷头了，我不赶紧起来也是那个下场。

有时我也特别想出去玩，但听我妈跟别人说“我儿子特别喜欢学习，他学习可认真了”，我就继续学习，实际上脑子已经不在学习上面了。我从小是在一个很孤独的状态当中长大的，没有朋友。现在我回到老家，就在家里面陪我妈，不是我喜欢当宅男，是因为从小家里就不允许我带朋友回家玩。我不带别人来我家玩，也不好意思去别人家玩，所以我几乎没有朋友。

记得有一年春节，别的小朋友晚上都不睡觉，看春晚、打扑克牌、放炮，可高兴了，我却一个人在屋子里面哭。为什么？因为我不知道去找谁玩，我因为孤独而哭。这就是强权式管教下的孩子，看起来很乖，很少被打骂，但内心很压抑。我总感觉我哥被打是杀鸡给猴看，所以更加恐惧。甚至我已大学毕业，离开了家乡，还是会做噩梦，会回到因为有一科考试没及格而担心被父母责骂的恐慌状态。那个乖孩子，实际上活在痛苦中，这也导致我骨子里特别叛逆。我毅然决然放弃家乡稳定的工作，没有向家里要一分钱，拿着行李就去北漂，心里想的是离家越远越好。

记者：听到您讲自己成长的经历，总是特别感动，觉得就像发生在自己身边的故事。

赵豪：我经历了，所以我能理解为什么有的孩子到了一定的年龄就开始叛逆，像变了一个人一样。小的时候我的拳头不够硬，什么都得依靠父母，父母说怎么着就怎么着，但到了可以独立的时候，我就有多远跑多远。初中毕业的时候，我就选择离开家，到很远的城市里面去上高中。平时没事我也不回家，实在没钱了才回家。

不过很奇怪，就是我每一次离开家，无论是我妈送我，还是我爸送我，我都会流眼泪，但是我一旦走了之后，就不想再回去。其实这也不是一个很健康的状态。

我买房子不会考虑离家近的地方，反而会选择到南方很远的城市。我想要保持距离，就是这样。有时候我觉得人生没有目标和动力，活得没有价值。过去我的目标就是出人头地、光宗耀祖，后来发现这种目标是很虚的，到北京之后我就迷茫了。在老家还觉得自己是个大学生，到北京之后却陷入身份认同困境。北京多少名校，每年毕业多少学生？我记得刚来北京的时候认识了一个清华毕业的朋友，比我大很多。我问他在做什么，他说他在家带孩子，吓我一跳。原来他学的是计算机专业，毕业之后两年没有找到合适的工作，后来他发现他掌握的技术很快就被更新了，越拖越不好找。

我一下压力特别大，也特别迷茫。我做过托管班，给小孩子上课，也做过其他工作。后来我内心有很大转变，可以说是发生了翻天覆地的变化。我反思人生，觉得不应该只为了挣钱，我决心找到我真正想做的事，找到一个方向坚持做下去。后来我发现自己擅长做视觉类的东西，就到中国传媒大学重新去学习，想在影视这个领域里面一直做下去。我也结交了许多年轻的朋友，大家一起学习，一起成长，不断地改变和更新着自己。

在强权式家庭里成长的孩子一旦成年，可能拥有很强的控制欲。小时候什么都不管，因为觉得管不了，也做不了主，一旦到了能做主的时候，就会成为一个控制欲很强的人，甚至发展成一种病态。

电视剧《不要和陌生人说话》的男主角是一位外科医生，表面是一个彬彬有礼的绅士，待人接物各方面都非常好，他的妻子也很漂亮。但这个外科医生极度缺乏安全感，妻子今天都干什么了？非要给他一五一十说得清清楚楚，如果有一个时间段没对上，他就会非常焦虑，质问妻子到底干什么了？然后就开始家暴，家暴之后又非常后悔。妻子一开始原谅了他，后来因为总是被打得遍体鳞伤，就提出离婚。可丈夫不愿意离婚，他威胁妻子如果离婚就要把她杀了。

后来有一个记者无意中拍到了他家暴妻子的一幕，他觉得这个场面一旦被曝光，他就失去了对局面的控制，所以他把记者杀了。

从这部片子里，我们看到了一个在强权式家庭中长大的孩子是怎样成为一个具有极强控制欲的人的。有很多女性也具有这种倾向，一旦掌控不了局面，就像疯了一样，一切都要听她的，不听，那就是天塌下来的大事。

赵豪幼时（前排左一）

对强权与忽略说“不”

记者：错误一代一代地传递，是一件让人十分痛心的事，可惜很多父母并未意识到这一点。

赵豪：是的，强权式养育这类错误的方式依然在很多家庭中一代一代不断地复制着。

我曾经接触过一个祖孙三代的家庭，爷爷基本不管孩子，忽略自己的责任，奶奶比较强权，不听话就打。他们的两个孩子成年之后游手好闲，在社会上惹是生非，不到20岁就结婚了。后来他们搞了一个地下赌博场所。孙辈出生后接受的教育依然是不听话就挨打，女孩儿17岁就谈对象、同居，男孩儿十几岁就天天叼着烟在赌场里面收份子钱。

我希望我们的家庭，能因着父母的学习和成长，为后代造福，打破过去的恶性循环。

有个法制纪录片，一个孩子描述说："我妈妈常对我说，像你这样的还不如死了好。我心里就很难受，后来我经常和人发生冲突，最后用水果刀捅了别人。"言语伤害也是强权式养育的一种表现。言语也罢、肢体也罢，如果你以强权来养育孩子，将来你的孩子就会在社会上以强权来对待别人。

强权式教育方式下养大的孩子觉得家是冰冷的，没有温暖的。我小时候最害怕的一件事就是一家人坐在一起吃饭，我和我哥都觉得吃饭时间是最恐怖的。因为一坐在一起吃饭，父母就开始问你各种问题，把你吓得不得了。比如最近考试了没有？最近在学校表现怎么样？所以后来我就养成了一个习惯——在厨房吃饭。在父母身边吃两口就跑掉，饿了就跑到厨房再找点儿吃的。我哥也是这样，很多时候他拿着饭跑出去吃，找各种理由，比方说去邻居家吃、和小朋友一起吃，反正就是不愿意和父母在一起吃饭。在强权式的养育方式下，孩子渴望逃离。

记者：父母以前因为无知犯下的错误，以后还有机会弥补吗?

赵豪：很多父母都会说："我以前不知道这样是错误的，我父母就是用这种方式养我的，我也不知不觉这样养孩子。我已经犯了那么多错误，是不是孩子就被我毁了呀？这可怎么办？"其实从来没有完美的父母，我们都是在不断成长与改变的过程中做父母，如果你已经意识到自己的错误，你应该真诚地向孩子道歉，学习如何在爱里养育孩子，多花时间陪伴孩子，孩子会看到你的改变，也会原谅你的不足和软弱。

向孩子道歉，这没什么丢脸的。我有一位老师都70多岁了，还记得他和孩子小时候的故事。他要去香港学习，走之前跟儿子说："爸爸去一周就回来，你在家好好听妈妈的话。"孩子每天在家里数着时间盼爸爸从香港回来。

两个月过去了，一年过去了，爸爸还是没有回来。那个时候内地和香港联系不便，小孩子非常痛苦。一年多后，我的老师才回来。去年，我七十多岁的老师问他儿子："儿子，你告诉爸爸，在你成长过程中爸爸有没有做什么让你伤心的事？"儿子就把这个事情说了，他说："爸爸你知道吗？那一年的时间里我好害怕，以为您去世了，很多个晚上我都在被窝里哭，我觉得爸爸可能回不来了。"我的老师这才知道这件事给儿子带来的痛苦。有一天，他西装革履，穿得非常正式，把儿子、儿媳妇都叫到房间来。儿子、儿媳妇一进门吓了一跳，不知道老爸要干吗。我的老师深深地给他的儿子、儿媳妇鞠了一躬，说："爸爸对不起你，在你很小的时候，老爸不应该骗你，让你过了一年那么痛苦的日子，老爸做得不对。"他的儿子、儿媳妇都哭了，儿子紧紧地抱着老爸，儿媳妇也特别开心，觉得爸爸已经七十多岁了，能为孩子小时候的事，勇敢地跟孩子道歉，真是太了不起了！

这位老师其实是很有社会地位和威望的，而且还这么高龄，但是他依然能真诚地向自己的孩子道歉，他给了我们做了一个很好的榜样。

所以爸爸妈妈向自己的孩子道歉，不但不丢脸，还会让你的孩子更加爱你。

记者：所以父母向孩子道歉，不是丢面子，而是做榜样，是值得敬佩的？

赵豪：是的。父母不仅要学会道歉，还要学会夸赞孩子，向孩子表达爱。我小时候，考了100分跑回家，本来以为父母会特别高兴，但爸爸看到之后却说："考100分怎么了？不是应该的吗？你是学生就应该好好学习。"我喜悦的心情一下子就变阴暗了。我爸随后说："下回你再给我考个100分，行不行？”我压力一下就来了，刚拼死拼活考了个100分，还没高兴呢，又把下学期的目标给我定了，也要考个100分，那我要考不了怎么办？越想压力越大。

但是后来我从邻居口中得知我爸夸我了，邻居说：“你爸可开心了，到处炫耀你拿奖状回家了！”我心里想，为什么我爸不向我表达？我从来不知道我爸是爱我的，从来不知道我是他的骄傲。我爸从来没有当面夸奖过我，我印象当中我们两个没有拥抱过。

多年之后，我爸来北京，我们一起去参加一个聚会，主持人说请拉起你身边人的手，我当时很尴尬地拉起爸爸的手，我感受到他也很别扭。那是我印象中唯一一次和爸爸拉手。我往家打电话通常的模式就是：“妈，你在家干吗呢？”然后就跟我妈滔滔不绝地聊很多。如果是我爸接的电话，我就问：“我妈干吗呢？”他就说：“你等一会儿，我让你妈来接电话。”

后来有一次我回老家，我妈跟我聊天说：“你爸其实挺伤心的，他在农村挣点钱不容易，供你上学，好不容易你成家立业了，打电话的时候都不愿意跟他聊天。”我说：“其实我不是不愿意跟他聊天，就是觉得不知道说啥，因为在我心目当中他还是说一不二的状态，我还是挺害怕，他也好像不知道和我说些什么，气氛就会比较尴尬。”

这就是强权式教育方式下长大的孩子。我不希望这种模式再一代一代地传递下去，所以我常常向我的孩子表达爱："宝贝，你知道爸爸多爱你吗？"她就说："爸爸，我喜欢和你一起玩，一起聊天，还有你背着我走路……"

我会告诉她学习不要有压力，将来考到哪所学校都是好的，爸爸都支持你。她看到了武汉的疫情，就特别想当医生，说："我要是当了医生，我也冲到前线去救人，我也去武汉。"小小的年纪就有这样的志气，我说："老爸支持你！"前段时间有个活动，是孩子们去大使馆对外国驻华大使进行采访，她是唯一一个主动举手而且是年龄最小的孩子，她敢和大使进行对话，周围的人就觉得很震惊，6岁的小孩子这么勇敢，而且表达得这么清楚。

所以她又说："爸爸，我要做外交部发言人。"我就跟她说："宝贝，你将来做什么爸爸都爱你。你有令人羡慕的工作，爸爸爱你；你做普普通通的工作，爸爸也依然爱你。"父母要多向孩子表达这种无条件的爱。

强权式教育方式很缺少这种爱的表达，有的父母觉得我就是这么做的，孩子们不知道吗？这还用说？事实是，孩子真的有可能不知道。你每天板着脸，给孩子的信号就是他给你添麻烦了，你不爱他。所以我希望父母多向孩子表达爱，多花时间陪伴孩子，建立良好的关系，给孩子营造一个温暖的家庭氛围，让孩子觉得自己不是孤独的，这样他才不会从小就想着我要快点离开家，走得越远越好。

溺爱的陷阱

记者：您之前说过无条件地爱孩子并不等于溺爱，那么溺爱的养育方式是怎样的？

赵豪：溺爱式的养育是指父母因为害怕孩子哭闹而凡事袒护孩子，给予特殊待遇，过分呵护，包办代替，这种方式下养育的孩子能轻易获得满足。

多年前有件事曾轰动一时，一个学生开车把人撞了，他面对警察时高喊“我爸是某某”。有网友评论说：你从小在家里可以无法无天，到了社会上谁让你无法无天呢？有一句老话“天子犯法与庶民同罪”，父母必须让孩子明白，世界不是围着你转的，不是你想怎么样就能怎么样的。溺爱孩子的父母，最终会把孩子毁了。

父母一定要明白，你不管教自己的孩子，总会有人来管教他；你宠着自己的孩子，将来一定会有人不宠他。在溺爱下长大的孩子凡事以自我为中心，婚姻难长久，朋友关系也很难处得好，因为谁也不会愿意和以自我为中心的人保持友谊。溺爱孩子的家长，等于给孩子创造了一种假象，就是全世界都是围着他转的，他就是老大。

有一幅漫画描绘了这样的图景：妈妈给孩子喂着饭，爸爸给孩子扇着扇子，孩子玩着苹果手机。这种连“奶”都没断的孩子，即使头上顶个博士帽又能有多少生存能力呢？父母过于溺爱孩子，也是对孩子独立、自由的剥夺。父母应该帮助孩子培养独立生活的能力，要不然他永远长不大。

有一个日本的动画片，讲的是狐狸妈妈和小狐狸宝宝的故事。狐狸妈妈和小狐狸宝宝快乐地生活在一起，有一天，狐狸妈妈带着小狐狸走了很远的路，然后跟小狐狸说：“你需要独立生活了，不要再回家了。”小狐狸求妈妈不要离开它，可是狐狸妈妈坚决地说：“你一定要去远方，不要再依靠我了。”

小狐狸还是跟着狐狸妈妈，狐狸妈妈把它赶跑了，它一会儿又跟过来，就这样反反复复很多次，终于，它不再追了，含着眼泪一步一步走向了远方。离去的狐狸妈妈没有回头，难道它不难过吗？不是，没有妈妈不爱孩子的，但是它为了孩子能独立，毅然决然地选择了放手，让孩子成长。

最后一个镜头落在了狐狸妈妈的眼睛上，它眼里的泪水一直往下流。狐狸妈妈一步一步往家的方向走去，小狐狸一步一步往相反的远方走去。从这个故事中我们看到，动物都知道要训练孩子独立，我们人类呢？喂一口吃一口，一个跑一个追，抓住再喂一口。孩子吃饭是本能，面对这类本能，父母都要满屋子追，我们是不是太溺爱自己的孩子了？这样的孩子长大之后有多少独立生活的能力呢？这很可能是一个糟糕的开始。

记者：是呀，这种情景在我们传统家庭中，尤其是隔辈养育的家庭中，还是挺常见的。

赵豪：我曾在网上看到一个故事，一个奶奶带着小孙子去饭店吃饭，点了两碗牛肉面，奶奶一碗，小孙子一碗。面做好的时候需要自己去端，奶奶去端面条的时候，就把自己碗里的几块牛肉全都夹在小孙子的碗里。小孙子吃完了自己碗里的牛肉，还要奶奶碗里的，当他看到奶奶的碗里没有肉时，就不干了，非说奶奶去端面的时候把肉给偷吃了，然后就开始满地打滚。

后来这奶奶实在是没办法了，就跟饭店老板说：“再给我们做一碗牛肉面吧，当着孩子的面，我把牛肉夹给他。”大家都看不过去了，说哪有这么溺爱孩子的，不给做!

祖孙俩吃完就回家了，没想到过了一会儿，孩子的爸爸带着几个人“杀”过来了，说：“凭什么不卖给我们牛肉面？老子有的是钱！”结果就把饭店给人家砸了，边砸还边问孩子：“你看老爸牛不牛？”

这样的父母是在育儿还是毁儿？无法无天的父母，也会养出无法无天的孩子。表面看父母满足了孩子的欲望，实际上是在把孩子往火坑里推。

我以前接触过一个案例，一个小孩子遇到一点儿事就哭，他一哭，全家不得安宁。如果是爸爸把他搞哭了，奶奶就开始打爸爸。所以这个孩子就知道只要自己一哭，准能达到目的，谁也不敢管他。

后来孩子的父母接受了辅导，当孩子再无理哭闹的时候，父母就会选择走开，孩子发现没有人回应他，也就不哭了。等孩子安静下来，妈妈就会问他：“你为什么又不哭了？”孩子说：“因为你们都没看着我，我还哭什么？”孩子是在用哭来控制父母，是假哭，但是时间长了，这种假哭也会变成真哭。孩子一开始用假装生气来控制父母，慢慢发展到遇到一点儿不如意就会变成真生气，也会哭得上气不接下气。

这样的孩子很容易患心脏方面的疾病，因为他是哭着长大的，控制不了怒气。如果父母在一开始给他一些界限，他就可以慢慢学习接受管教、控制情绪，但溺爱式的养育使他学习不到控制情绪，长大之后也特别容易冲动。

记者：那么如何改变溺爱式的养育方式呢?

赵豪：首先要让孩子学习延迟满足，不能想要什么就给他什么。培养孩子延迟满足的能力非常重要，即使家庭有这个条件，也不能孩子要什么就给他什么。

当然，对孩子的需求要有区分。孩子放学，饿了要吃饭，或者孩子铅笔用完了需要新的，这些都是合理的需要，要及时满足。但有些需求就要延迟满足，比如孩子今天买了个玩具，明天一出门又看见另外一个玩具，说妈妈我还要。没有玩具，孩子的童年缺少乐趣，但是，孩子已经有很多玩具了，他还告诉你他没什么可玩的，这就是信号，家长该让他学习延迟满足了。当孩子拥有很少的玩具时，你给他买了一个玩具，他会很开心，也会更加珍惜这个玩具。这就是多与少的智慧。

延迟满足到底对孩子有哪些好处？美国斯坦福大学曾做过一个实验，给参加实验的幼儿园小朋友每人一颗棉花糖，然后让他们待在一个房间里，告诉他们十几分钟之后老师会回来，如果有谁没有吃棉花糖，老师会再奖励一颗；如果吃掉了，那就得不到奖励了。

来看看每个孩子的反应。有一个小朋友还没等老师说完，就把棉花糖放在嘴里吃了；有的小朋友在等待的过程中抠一点儿尝尝，再抠一点儿尝尝；还有的小朋友用牙咬一点点儿，然后放回原处，希望老师看不出来；有的小朋友为了得到另外一颗棉花糖，一直坚持着、等待着。

实验完成后，研究者在随后的许多年里继续跟踪这些孩子，结果发现了一个很有趣的现象：那些能忍耐，最后获得两颗棉花糖的孩子，长大之后比其他孩子更有成就。

所以，父母要训练孩子学习等待与延迟满足。如果孩子拥有了这种能力，将来做什么事都更容易坚持下去。

记者：嗯，父母要忍心让孩子学习等待。除了让孩子延迟得到满足，父母是不是还要学习把家务分一些给孩子做?

赵豪：这是很好的提议。我很爱我的女儿，但我不想娇惯她，每次吃饭前我都不会让她坐在桌子边等，而是让她去厨房帮忙拿碗筷、端菜，全家人坐下来一起吃。打扫卫生时我也会叫她，让她把自己的东西收拾利索，然后还帮我拿个扫把、扔个垃圾什么的。

父母不要用贿赂的方法让孩子做事，比如“你要是回家先写作业再玩，我就给你买你爱吃的东西”，这是一种交换。学习是不需要交换的，孩子学习又不是给父母学的，用贿赂去换得孩子学习，孩子就会说你不给我买礼物，我不给你学了。所以父母培养孩子做应该做的事，不要附加条件，也不要过度夸赞。

那么如何训练孩子做他力所能及的事呢？以收拾自己的房间为例，我介绍四个步骤。第一个步骤就是父母收拾孩子观察。其实这个步骤就是父母自己要养成一个爱收拾、爱整洁的习惯，孩子在潜移默化中就学到了。如果父母就不爱收拾，家里面乱七八糟，孩子也不可能有整洁的好习惯。第二个步骤是父母收拾孩子帮忙。父母打扫卫生，可以让孩子拿垃圾袋；父母做饭，孩子可以帮着洗碗。第三个步骤就是孩子收拾父母帮忙。孩子可以独立完成一些收拾工作，但还需要一些帮助，父母要给孩子支持鼓励，和孩子一起工作。我们家客厅里有一个孩子玩耍的区域，在这个区域里面，我女儿会把她的玩具都倒出来，积木摆一地。我说你怎么玩都可以，只是玩了之后必须要把玩具收起来。她有时候收着收着就会说：“爸爸你和我一起收，我自己收得慢。”我就坐在地上和她一起边收拾边聊天，这样和孩子一起收拾玩具也成了美好的亲子时光。第四步就是孩子独立做。当孩子有能力独立完成整理工作的时候，你只需要事后检查一下。

训练孩子是需要耐心的，比自己动手做更加辛苦。但从孩子小的时候就开始训练是特别值得的，等孩子长大之后就会主动去做事，不怕困难，也能理解别人的不易。我碰到过一些孩子在参加完某个活动后，面对一片狼藉的场地像没看见一样，只知道跑出去玩，留在现场进行打扫的却是他们的父母，孩子时不时还过来催父母快点。这样培养孩子，无论他们以后学业多优秀，不也是一些精致的利己主义者吗?

父母不尽责，孩子在黑暗中哭泣

记者：当下，留守儿童是很大的一个社会问题，对此您怎么看？

赵豪：留守儿童是在忽略型教养方式下长大的孩子，就是既缺乏来自家庭的关爱，也缺乏有力的教育和监督，安全意识比较差。

这种现象在农村尤为严重。有的小孩拉帮结派，心理问题非常突出，他们一方面是受害者，另一方面也是施害者。还有的农村留守女孩被性侵，父母不在身边，祖父母年龄较大，没有人保护，给了犯罪分子可乘之机。

所以父母最好能把孩子接到身边，一起生活，不要让我们的孩子成为留守儿童。

《世界需要父亲》一书的作者卡西在书中讲过一个非常有代表性的故事。有一年卡西去北非的一个小国家，他到一个人烟稀少的村庄，和一位老人聊天，老人就跟他讲这个地方之前发生过的流血事件。老人说以前这个村子里人很多，突然有一天来了一群暴徒，开着车，拿着机枪和砍刀，他们都是十五六、十七八岁的青少年，他们把全村人集中在一个小广场上。

如果有人试图逃跑，他们就拿枪像打猎一样去打这些人，跑的都被打死了。他们让广场上剩余的人把家里面所有值钱的东西都拿出来，交给他们。他们从人群中拉出一个几岁的小男孩，砍掉了孩子的胳膊。然后又拉出一个孕妇，剖开了孕妇的肚子，把孩子拿了出来……这个老人告诉卡西：你知道吗？那个被砍掉胳膊的小男孩是我的孙子，那个怀孕的女人是我的女儿，他们都死了。卡西听了泪流不止。

这些孩子到底怎么了？为什么会成为这样凶残的人？卡西久久地思考着这个问题。有一次他看向窗外，看到几个非洲小男孩在踢足球，其实他们踢的不是真正的足球，而是用破布包起来的一个球。这些孩子有个共同点，就是都没有父亲。卡西终于明白过来，无父的家庭是非洲最大的问题。现在这些孩子多么可爱，可当他们到了十七八岁的时候，没有父亲爱他们、教导他们，他们很可能会成为和那些暴徒一模一样的人。

无论在世界上的哪个角落，家庭的影响力都是无比巨大的。孩子是世界的未来，人类就是这样一代一代地传承和延续着。每一代都把孩子教育好，这个世界就会越来越有希望。

所以从那时候开始，卡西已经在全世界50多个国家进行了宣讲——男人要回到家庭，担负起父亲和丈夫的职责。他写了《世界需要父亲》这本书，影响了很多人。

每个家庭都需要父亲回到自己的位置上来，带领家庭建立秩序——做父亲不仅要挣钱供养家庭，还要担负起教育儿女的重任。

记者：看起来，家庭是父母的战场，看似不起眼的日常生活却需要父母以极大的勇气和责任感去面对。

赵豪：对，有时做父母需要承担的责任和挑战是非常大的。我有一个朋友，他在一个工厂里面任小主管，家庭条件不错，西装革履，意气风发，但是突然之间，他的孩子被查出患了白血病。有一次我在路上碰见他，你猜他在做什么？他在身边放了一块牌子，写着“我的孩子生了大病，我们的钱花光了，大家能帮帮我们吗？”。

人生很难一帆风顺，总会遇到这样那样的挑战，我们要做好充分的心理预备去面对，也要伸出援手去帮助那些需要帮助的家庭。我这些年一直在参与救助儿童的公益项目，为那些因孩子生了重病来京诊治而令经济陷入困顿的家庭提供吃住，请专业社工为被性侵儿童做心理医治与康复。

不仅农村有留守儿童，城市也有留守儿童。城市的留守儿童也同样被父母忽视，和父母没有建立良性的关系，一天到晚在外面忙的父母让这些儿童备感孤独。可以说，他们是住在一套房子里面的留守儿童。

有一次我在北京做讲座，发现参与的家长全是祖父祖母。这是父母讲座，但父母都忙，所以让祖父祖母来。我和这些老人聊天，他们说孩子的爸爸妈妈都很忙，没时间带孩子，孩子生下来都是老人在带。

什么是孩子一生快乐的源泉？

记者：父母希望孩子一生幸福快乐，所以努力打拼，那么孩子真正需要的是什么呢？

赵豪：这是一个好问题。养孩子不是说给他穿得好、吃得好就算爱他了，爱孩子最关键的是要与孩子建立亲密的关系。

美国霍普金斯医学研究院两位博士花了将近30年的时间做了一个调查：人类的一些重大疾病，比如癌症、冠心病、高血压、精神病等重大疾病的患者身上有没有一些共同点？有1,000多个医学生参与研究。最后，研究得出来一个结论：这些得重大疾病的人，在童年时期都缺少和父母的亲密关系。

从这项研究的结果我们能看到什么？养孩子，不是给他吃的喝的就行了，还要与孩子有亲密的关系。

在美国，60%的强奸犯，72%的少年凶杀犯、70%的长期服役犯、90%离家出走的孩子以及75%的吸毒孩子来自不完整的家庭。亲子教育不但是妈妈的责任，也是爸爸的责任，只有父母一同学习，树立良好的亲子教育理念，才能够走出困惑焦虑，做从容的父母。

很多父母存在错误的观念，认为自己工作压力大，孩子还小，啥都不懂，等他长大了，再接到身边进行教育。事实是：0—3岁是建立孩子依恋关系的重要阶段，孩子的安全感、信任感是在人生之初建立的。所以我们要在孩子重要的成长时期，与孩子建立亲密的关系。

记者：我们许多快乐的记忆都是和童年有关、与父母有关的，那些记忆仿佛能使天空变得明朗起来。

赵豪：儿时美好的记忆会陪伴孩子一生，而童年的快乐或痛苦又往往是与父母紧密相连的。我现在还记得童年时的一件事。那时我们上早自习，天不亮就去学校读书，上一堂课再回家吃早饭。那天我上完早自习一个人背着小书包往家走，经过一个湖，我看好多鱼在湖里游，就幻想着要是能跳上来一条鱼让我拿回家，我得多开心。

我想着想着就念叨起来："鱼啊，跳上来一条吧，我想抱一条回家。"结果真的有一条挺大的鱼跳上来了，直接跳到我脚下。我兴奋极了，抱起鱼就往家跑。现在想起来那条鱼未必很大，只不过我那时候小，就觉得是一条特别大的鱼。

我们回忆童年的时候，总是想起那些很开心的事，而这些事又总是与父母相关。如果一个孩子的童年充满很多快乐的事，那么他的一生相对来说会是比较乐观的，不会遇到事情就想不开，消极情绪相对来说也会较少。如果回忆童年全是不堪回首的痛苦事，这样的人大都不喜欢开玩笑，容易生气，而且特别的敏感。

作为父母，我们要给孩子的童年留下更多美好的记忆，这不需要你花多少钱，只需要用心去爱。我常和女儿捡路边的石头，各种形状的，女儿喜欢的我们就带回来，放在装有清水的盆里，看起来会更好看。我们还一起去采野花、捡树叶，回到家用胶水粘到纸上做叶子画。这对大人来讲很简单，对孩子来说却是最美好的记忆。父母要尽可能给孩子很多美好的童年回忆，这将成为孩子一生快乐的源泉。

让孩子活在没有恐惧的爱里

记者：我们对接纳与爱的理解往往停留在字面上，在实际生活中却往往不知所措，这是为什么?

赵豪：很多父母知道要接纳孩子，还要无条件地接纳孩子，但对接纳到底是什么以及如何接纳却有些茫然，感觉接纳是看不见、摸不着又高高在上的一个词。

其实我们是做不到完全接纳的，因为我们往往连自己都接纳不了，怎么可能接纳别人？有时候你觉得你接纳了，可你的接纳，其实也都是有条件的。如果有一天你觉得对方让你失望了，你可能就会由爱变成恨。你不但没有接纳，还会产生更多的恨。

真正无条件的爱是什么样的？它是一种接受，一种连接，一种完全的容纳，就像小婴儿一样，躺在妈妈的怀中，可以非常自由地表达需求和状态，什么也不用担心。小婴儿不会去想："我会不会惹妈妈生气？我会不会累着妈妈？"小婴儿不会担心任何事情，饿了冷了就会哭，这是一种很自然的表达，是完全的交托，因为小婴儿什么都做不了。我觉得真正的接纳，就像孩子在妈妈的怀抱中，无一丝挂虑。

父母可以先想想，自己有过这样的感受吗？我们会在很多时候感觉到无助，孤独也会来占据我们的心，我们也常常会有惧怕，因为觉得未来有太多不确定的因素。这也就是很多人拼命去赚钱，想要掌控自己命运的原因，可你会发现钱并不能帮你掌控一切。

我们要思考的就是：接纳你的孩子，你能做到吗？我觉得我做不到。虽然我讲了十几年的课，我觉得我还是做不到接纳。

如果你真的了解一个人，有时候就很难去爱这个人。好比两个热恋的人都很欣赏对方，但结婚后，当各自的毛病都暴露出来后，爱就会变得越来越有限。

记者：那是否可以说，我们是没有爱的能力的？

赵豪：是的，承认这一点是我们变得真实的开始，但我们往往要想方设法掩饰我们的无助和无能。

当我们承认自己的软弱，人与人才能有真正的连接。我们为什么会孤独？因为我们羞于把灵魂向另外一个人敞开，内心封闭，所以就会有孤独感。今天，随着医学科技的发展，一些重大疾病终有一天会被攻克，但是唯有一种疾病是永远消除不了的，就是心理疾病。我们会发现科技越来越发达，人却越来越孤独。网络上，你的朋友遍天下；实际上，你没有真正的朋友。

讲了这么多难处，是不是就没有希望了呢？不是，做父母就是一个重新认识自己的机会。你要承认你的能力有限，智慧有限，你无法做到完全的爱与接纳。认清这些才会使你清醒下来，从头开始，在养育孩子的同时疗愈自己。你要接纳孩子，就先要学习接纳自己，承认并接纳自己的不完美，勇于向孩子承认错误，而不是摆出一副永远都对、说一不二的样子。

记者：明白了，接纳的本质不是高高在上的施舍，而是“我与你一样”“我们一起面对”，是这样吗?

赵豪：是。父母与孩子一起去面对挑战和困难，互相成就。当然，无条件接纳孩子，并不意味着不去管教孩子，不是任凭孩子想干啥干啥。真正爱孩子的父母一定会管教孩子。我们接纳的是孩子的生命，孩子是独一无二的，是需要被尊重和认可的。

所以谈接纳要回到生命的本源，无论对方表现如何，他（她）都是独特的值得被尊重的生命。接纳也不是满心愁苦地忍受。你看这个“忍”字，“忍”字头上一把刀，忍是非常难的。很多人将忍字挂起来，或者刻在身上，但真能做到吗?

忍耐不是忍受，爱里面是有忍耐的，而且是恒久的忍耐，因为爱是要付出代价的，含着牺牲的意思。但这种忍耐也是带着盼望的，为爱而去牺牲，其结果首先是你自己变得更好，生命更成熟厚重，对方也会因爱改变。

这么多年来，我妻子的身体一直不好，她有时候会发牢骚，觉得我什么都做不好，而我觉得别人都说我还行，怎么到你眼里我就一文不值、啥都不是了？我为此挺痛苦的，跟她说：“你到哪儿找我这么好的丈夫？挣钱养家，陪孩子玩，做饭洗碗，家里衣服也全是我来洗，你还想叫我怎么样？”当我觉得我还可以的时候，我的心就骄傲了，变得没有爱了。

当一个人觉得自己很对、心里没有爱时，对与错就完全失去了意义，因为双方都受伤了。我没有因为我对就快乐起来，反而觉得更痛苦了。所以我知道了我的问题，我不应该再去争辩，我要学习去倾听、去安慰、去忍耐她的小脾气。当我这么做后，反而觉得自己很有力量，在艰难的生活中还能去宽慰别人，还能有喜乐和平静。

爱里的管教

记者：当一个孩子知道自己被爱的时候，他就更愿意顺服，对吗?

赵豪：是的。其实我们每一个人，一生都在学习爱与接纳的功课。一个接纳自己和别人的人，会平静安稳；一个被接纳的孩子，会是一个有安全感的孩子，一个能信任别人的孩子。而一个不被接纳的孩子呢？他会用不断的折腾来获得关注与安全感。

有一年我们举办青少年夏令营，请的是名校的外教。有一天老师和孩子们在餐厅吃饭，一个特别调皮捣蛋的孩子跑到外教老师的后面，照着老师的后背啪地打了一巴掌后转身就跑。估计他设想跑完之后的画面会是他在前面跑，老师在后面追，大家都看热闹。结果他打一巴掌跑了，回头一看老师不但没追他，而且连头都没转。这孩子不跑了，觉得老师好奇怪，怎么不追我呢？他悄悄地跑回去，又对着老师的后背啪地打了一下又跑了。结果他回头一看，老师还是没追他。

孩子回到老师面前，推老师："为啥你不追我？"老师一把抓住他，跟他说："你是不是想让老师和你一起玩？"孩子说："才不呢！"可是当他这么说的时候，却很自然地往老师腿上一坐，跟老师聊起来了。

后来的那些天，这个孩子是夏令营中最听话的孩子，因为他觉得在老师那里他是被接纳的，他不再需要用调皮捣蛋去引起老师注意了，他知道老师爱他、接纳他，他踏实了，安静了，不再去折腾事了。

所以当孩子调皮捣蛋时，父母要问一问自己，是不是孩子在用这种方法来引起我们对他的关注？我们是不是真的接纳、认可孩子，给了孩子安全感和信任感了？如果孩子知道你是真的爱他、接纳他，他就不会用调皮捣蛋来赢得你的关注了。

记者：那么有了亲密关系，该如何管教孩子呢?

赵豪：在无条件接纳孩子的基础上，我们要给孩子立界限。什么是界限？简单来说就像你画了一条线，告诉孩子无论出于什么原因，都不可以越过这条线。比如你开车，红灯停，这是不能违背的，也是一个界限。那么对于孩子来说，你要给他哪些界限呢？

凡关系到品格和行为习惯的，是有必要给孩子立界限的，而日常生活中其他的事，没必要事无巨细都立界限，什么事都管，完全不放手，那也不好。比如说妈妈让穿红色的衣服，孩子偏要穿绿的，这就不是关系到原则的问题，在这类问题上，孩子是可以自由选择的。孩子可以有自己的主意和不同的审美，我觉得也是好事情。

再比如有的孩子喜欢吃米饭，有的孩子喜欢吃面条，每个人都有自己的爱好，父母要管孩子一定要抓原则性的问题、品格方面的问题，比如说不可以说谎，不可以打父母，这些是要立界限的。

我记得有一次我女儿跟另外一个小朋友一起玩，玩着玩着两个孩子就打起来了。我女儿打不过吃亏了，就不高兴，我妻子又批评了她两句，她更不干了，用小拳头打我妻子。我过去说："不能打妈妈啊！"她就更委屈了，说："刚才是那个小孩先打我，你们还要批评我！"

我蹲下来看着她的眼睛，认真地问她："那你有没有错？"她一看我很认真，就愣住了，大概也知道自己做错事儿了，就说："爸爸，对不起，我错了，我不该打妈妈。"我抱抱她，对她说："你能承认错误，爸爸很高兴，爸爸爱你，不过我们之前定的家规是什么？"

我们之前是有家规在先的，不能打父母，违反要用板子打五下的。我女儿说："爸爸别打我，我错了，再也不打妈妈了。"我也很难过，对她说："爸爸爱你，绝对舍不得打你，但是正因为爱你所以也要管教你，爸爸也很难受。"我从书柜上面把我们家那块用来管教的板子取下来，板子是专门打屁股的，上面落满了灰尘。我用一块毛巾把上面的灰擦去，擦的过程就像在磨刀一样，我心里面好痛苦。

一般我是不会用手去打孩子的，因为我们用手去抱孩子，表达的是爱。我会用一块板子去打她的屁股，而且会用一点儿劲儿，打完后屁股会有点儿红的。女儿在那儿哭，我抱着她说："宝贝，爸爸希望你长大之后成为一个有界限的人，成为一个被人尊重的人，爸爸爱你。"

我们两个拥抱、和好，自始至终我的管教没有破坏我和孩子的关系。接纳和界限其实是一体的，不是完全分开的两个方面。爱里是有管教的，同时我们给孩子立界限要提前立好，你没提前立好，就等于随着情绪去管教。今天父母开心，孩子做什么都没事；今天父母不开心，孩子呼吸都是错，都得挨一顿揍！父母随着情绪去管教，会带来很多不良的后果。

记者：看来管教不是随意而为之，是需要智慧的。

赵豪：对。父母不要用情绪来管教，要提前立界限。国家有宪法，城市有城规，一个家庭也要有家庭的规定。无规矩不成方圆，靠自觉的话，父母都不能自觉，都管理不好自己，孩子怎么可能管理好自己呢？

所以父母要做建造者，所有的管教在开始前都要思考：这对孩子的成长有益吗？还是为了让自己痛快一把？很多人打孩子，实际就是为了让自己爽一把，让自己舒服一下，并不是真正为了孩子的成长。

有没有被动设立界限的时候呢？也是有的，就是在发生了某件事情的时候，我们以前没有确立界限，但以后要有个界限了。比如说孩子从你衣服兜里拿钱了，以前你没跟他说过不可以从妈妈衣服兜里拿钱，当事情发生了，你就要坐下来和孩子重新确立界限：以后你想要钱，可以跟妈妈说，绝对不可以从家里直接拿，如果违反会有什么样的后果，以后就按照这次设的界限来实行。

孩子越小越需要界限，孩子在因爱设定的界限里其实是有安全感的，但当孩子慢慢长大，界限要越来越少，到了孩子18岁，父母就不要强硬设置界限了。现实生活中，很多父母是反着来的，孩子小时候怎么着都可以，等孩子长大了一堆规矩压下来，结果带来严重的逆反。

我再举个例子。做父母好像铁匠打铁，有聪明的铁匠，也有愚昧的铁匠。愚昧的铁匠是什么样的？他会把铁块直接放到操作台上砸，累得满头大汗，费了半天劲儿，一看，还没出形状。聪明的铁匠是怎么做的呢？他先把铁块放在火炉里面去烧，烧红了之后再把它放到操作台上，轻轻一敲，铁块的形状就开始按照预定的方向改变了。

其实铁在火里面烧的过程，就相当于父母对孩子的接纳与尊重，孩子的心变柔软了，你再去给他立界限，他就听。敲打的过程就像是立界限和管教的过程，没有前面的接纳做基础，后面的管教就会面临更多困难。父母管得越多，孩子反弹得越厉害，甚至有父母会觉得自己这么辛苦都是为了孩子，怎么孩子还这样，因此特别崩溃，症结其实是父母没有给到孩子接纳，孩子不觉得你是爱他的。所以接纳和界限要平衡，把孩子养育成才，父母就要像聪明的铁匠一样。

做孩子生命的教练

记者：父母常常希望留给孩子遗产，但最好的遗产是什么呢？

赵豪：父母能给孩子的最好的传承，就是正确的世界观、人生观、价值观。我在辅导中遇到过一些三观存在问题的家庭，这些家庭里面大人小孩都骂人，家长问我："老师你有没有办法训练好我的孩子？"我说："仅仅靠我是训练不好的。孩子从小到大生活在你为其营造的环境里，骂人是他耳濡目染养成的习惯。要想改变，除非从根本上去解决问题，就是从作为父母的你自己开始改变。"

一个人的家庭出身、所受教育和成长环境决定了他的世界观、价值观、人生观，引导他一次又一次做出选择。我们要培养孩子什么能力？就是做正确选择的能力。什么样的选择就带出什么样的行为，什么样的行为就带来什么样的后果。所以价值观是决策的过滤器。

记者：价值观的传承，是内心财富的传递，可以这么理解吗？

赵豪： 可以这么理解，父母通常关注的是孩子的行为，但那是表象。父母应该关注的是孩子的内心，是孩子的思想。

父母是孩子的引领者和助力者。有两个因素会影响孩子健康成长，一是父母作为榜样的力量，一是父母和孩子之间良好的亲子关系。

这等于说孩子的问题都是父母的问题吗？

其实，我们可以换个角度看待这个问题：养育孩子，也是我们作为父母的一次成长机会。犯错是人生的常态，大人和孩子一样都会犯错，我们要做的是把犯错当成一个改变和更新的机会。我们也不要怕孩子犯错，吃一堑长一智，犯了错误才尝过苦头，以后才会小心。

我小的时候，我爸在湖里面抓了鱼，我妈会把鱼做得特别好吃，我和我哥就因为吃鱼产生了矛盾。我总觉得自己的鱼少，就问我妈为啥给我哥的多？我妈说："你小你吃得少，你吃完再给你。"我认为那不公平，就不开心。我妈说："你别闹腾了，赶紧吃饭。"可她怎么劝都不行，我越想越生气，就把碗摔在了地上。我记得很清楚，我妈把我揍了一顿，好好管教了我一番。

我现在回想，内心反倒充满感恩。那个时候我就是赌气，不觉得摔碗的行为有多严重，我认为这就跟不想和小朋友玩而摔玩具一样。摔了之后我才知道，玩具扔了之后捡起来还能玩，但是饭碗摔破了就不能再拿来吃饭了。小时候有一些这样的经历，未必都是坏事。

记者：如果父母是很好的人，但与孩子关系不好，能帮助孩子成长吗?

赵豪：那就相当于一边有充足的水，另一边却干涸得很。为啥?缺少一根管子来连接，水过不去。所以父母和孩子之间一定要有“关系”，有“关系”才能将“水”传递过去。

如果父母和孩子没有建立起良好的关系，你说的对的事他也不会听，他会选择事事与你作对。比如你让孩子要节约用电，他把家里所有的灯都打开；你今天买了大虾，费了半天劲儿做好饭，他就吃一下，说“这是我吃过的最难吃的虾”……他就想让你难受。为啥？因为你们之间没有很好的关系，他不信任你。

想让孩子健康成长，父母的榜样力量和良好的亲子关系都必不可少，这就叫生命影响生命。

记者：有缺点的父母可以做榜样吗?

赵豪：父母要做成长的榜样，不要做完美的榜样，因为没有一个人是完美的。以前我讲课时有个父亲问我："赵老师，我给孩子做不了榜样。"我问为什么？他说："我没上过多少学，又抽烟又喝酒的，我咋给我的孩子做榜样？"我对他说："你可以给你的孩子做榜样，做成长的榜样。"

然后我问他："你一天抽多少烟？"他说："我一天抽一盒烟。"我说："好，那你从今天开始能不能抽一盒烟的2/3或者1/2？"他说："这个可以。"这个爸爸将自己的抽烟量改成了两天一盒。这就是成长的榜样。孩子看到的是爸爸虽然抽烟，但是爸爸也在努力改变。

我们谁都不可能一下子达到一个完美的标准，我们每个人都是在不断成长的过程中。我妈常常跟我说一句话，她说："人生不怕慢，你走得再慢都没关系，就怕你站着不动，原地不动，那你永远都没有进步。"

我以前还辅导过一对卖菜的夫妻，他们也说自己做不了榜样：“我们就在农贸市场卖个菜，天天起早贪黑的，能给孩子做啥榜样？”我说：“卖菜是一件很重要的工作，关系到大家每天吃得健康不健康。”他问：“那你说我咋做？”我说：“你能不能不缺斤少两？”他说：“我能做到。”卖菜时他会缺斤少两，别人卖3块钱一斤，他卖2块5，别人给1斤，他给8两，成本都是一样的，但顾客还感觉他家的菜便宜。我说：“那以后咱能不能再慷慨一些，比如12块5，就收12块？”他说这个也太简单，抹了零头没关系，多卖一会儿就赚回来了。

我的意思就是让他多给别人一些慷慨和方便。别人来买菜的时候，他还免费送人家一点儿香菜。你知道吗？他们家的生意火爆得不得了，好多人都到他们家的菜摊上买菜。人都是这样的，你对别人慷慨，别人也会来照顾你的生意，对你慷慨。

所以无论父母是做什么工作的，都可以给孩子做榜样，做成长的榜样。有一天你的孩子会说我的父母虽然没上过多少学，虽然是菜市场卖菜的，但他做生意诚实守信，教会了我如何做人和做事。

把握每个成长季节的关键

记者：现在越来越多的父母陷入焦虑之中，不知道什么时候才能放松，因为孩子转眼就长大了。

赵豪：是的，父母要学会珍惜当下，用爱去滋养家庭和养育儿女，多表达爱，多和孩子共处，让回忆里充满美好的时刻。等孩子长到十几岁，再想互动，已经很难得到回应，所以父母要抓住有限的时间，享受还可以影响孩子的时光。

我们要从身体、社交、环境、理智、情感、思想六个维度，去做孩子生命的引领者和助跑者，要把握不同成长阶段孩子的不同特点与需求。

0—6岁是母亲影响阶段。6岁之前的孩子是离不开妈妈的，妈妈去哪儿他也要去哪儿，一会儿看不到妈妈，就要找妈妈。

6—12岁，这个阶段的孩子会有一个变化，就是愿意找爸爸。“爸，带我去抓虫子吧！”“爸，带我去科技馆吧！”为什么会有这种特点？因为随着成长，他更想发现新事物，获得新鲜感。外面的世界更精彩，他很希望和爸爸一起去探索外面的世界。

在母亲影响阶段，有些父亲会想这是自己的假期，等孩子6岁以后，我再接过来陪伴孩子。其实这是错误的。0—6岁是孩子建立依恋关系的关键期，孩子的安全感、信任感都在这个阶段形成，在这个阶段，父亲不能离席，要与妻子共同承担家庭的责任。

在6—12岁阶段，父亲要多带孩子走出去，接触家庭之外的世界。我记得有一次我和女儿在路边捡了一根小树杈，做了一个我小时候玩的弹弓，拿着到处玩，孩子可开心了。

12—18岁，是同龄人影响阶段。在这个时期，孩子会更愿意听从同龄人的想法，和父母的距离也渐行渐远。比如父母给孩子买了一件羽绒服，觉得孩子穿上很酷，孩子穿到学校去了，同学说“你这羽绒服真够low的”，他就再也不会穿了。

18岁以后，社会对孩子的影响越来越大。他关心的是微博上怎么说、新闻怎么讲、朋友怎么议论，他受的是整个社会舆论的影响。

一个孩子在不同的年龄段受不同的人影响，也受不同的环境影响。聪明的父母一定要抓住0—11岁家庭影响这一至关重要的时期，过了这个阶段，再想去影响孩子，就很难了。

记者：在家庭影响阶段，父母要抓住哪些重点对孩子进行教育训练呢?

赵豪：对孩子进行教育训练前，父母先要问自己三个问题：一，这是不是一件正确的事？二，这是不是孩子应该做的？三，他能够做到吗？然后再找三者重叠的部分，重叠的部分就是教育孩子的重点。

如果小学生的父母让孩子自己挣钱上学，这就不是正确的事，因为这不是这个年龄的孩子应该承担的责任。

那么让孩子自己洗澡呢？10岁的孩子应该自己洗澡了，因为他有这个能力了。别怕他洗不干净，要训练他自己洗。3岁的孩子可以自己洗澡吗？不行，还不到时候。我听说过15岁的男孩还不会自己洗澡，还得让妈妈给洗，这就不合适了。从性教育的角度讲，这么大的孩子也早就应该有隐私的概念了。

父母要考虑的第三个问题是孩子能够做到吗？打个比方，什么时候孩子能自己去上学？我8岁就自己去上学了，但我小的时候路上没有那么多汽车，在村子里面大家都互相认识，走几步就到学校了。现在呢，隔壁邻居大家可能都不认识，孩子自己背着小书包在车水马龙中穿过两三条马路，安全吗？既然是不现实的事情，我们就不要去训练孩子，否则还有危险。如果孩子18岁了还让你去接他，那我要恭喜你了，这说明孩子和你还保持很亲密的关系，上下学的路上，是一个交流谈心的好时段。

把握敏感期的训练机会

记者：您能不能把孩子的每一个成长阶段再详细地为父母解读一下？相信会对大家有所帮助。

赵豪：好的。第一个阶段是0—1岁的共生期，这是一个建立依恋关系、信任关系的时期。过去老人总会说孩子小，别抱到人多的地方去，天黑了也别出门。你问老人为啥？他也说不上来。还有的老人会吓唬年轻的父母，说孩子会看到不干净的东西。

几个月的孩子不会走路，不会表达，没有能力保护自己，所以将这么小的孩子带到特别嘈杂的环境当中，会让孩子极度没有安全感，晚上就会睡不好觉，惊醒、哭闹。黑天出门孩子会不会怕？也会的，大人都会有点儿害怕，何况那么小的孩子？所以这个阶段要让孩子多待在安静的环境当中，适当出去晒晒太阳、呼吸新鲜空气都是没问题的。

第二个阶段是1—3岁自主与羞愧阶段。在这个时期，你会发现孩子开始有自己的想法，你批评他，他有时候还不听，但有时他也会因为自己做错了事而羞愧。你说慢点别跑，容易摔倒，他非要跑起来不行；你越不让他动插座，他越要用小指头抠一抠。

记者：我听说孩子在不同阶段有不同的敏感期，这一阶段的敏感期是什么呢?

赵豪：这个阶段有一个重要敏感期：延迟满足能力敏感期。这个年龄段的孩子还不具备等待的能力，想吃糖立刻就要，得不到就打滚。这个时候要培养孩子延迟满足的能力，因为特别容易得到的，也会特别不珍惜。如果孩子要什么，就给他买什么，那么最后买了一屋子玩具，他还是觉得没有玩的。我有一个朋友一出国就给孩子带玩具，堆在家里孩子也不怎么玩，孩子对我说："叔叔你喜欢哪个你拿走吧！"

还有一个是物权敏感期。有些小孩子很在意物品的归属，没人和他玩耍时，他并不在意自己的玩具；一旦有小朋友来，他马上把玩具都摆出来，但哪一个都不让人碰！

首先，父母要尊重孩子的所有权，只要这个东西是买给孩子的，在使用这个东西时你就要先征求孩子的意见。父母不要自作主张拿去给别人玩。如果孩子不愿意分享，你可以和他商量：你们每人轮流玩5分钟，行不行？交换着玩好不好？

借着物权敏感期，可以让孩子学习管理好自己的物品，同时也尊重别人的物品所有权，培养孩子的界限意识。我有一个朋友开了一个托管班，女儿放学了，妈妈给她煮了4个小鸡腿，她把鸡腿装在一个保鲜盒里，和爸爸一起去托管班。到了之后，孩子们都过来围着保鲜盒，这小女孩就从保鲜盒里拿出一个鸡腿，给了她的一个好朋友，好朋友吃着鸡腿高高兴兴地跑开了。另外一个小朋友也要，女儿就又给他一个。

4个鸡腿就这么分出去3个了，还剩1个鸡腿的时候，有个小朋友说我不吃，我就看着，但他嘴里流着口水。爸爸有点儿看不过去，就从仅剩的鸡腿上面撕下来一块肉，放在那个孩子嘴里。那个孩子吃得好香好开心，但是他的女儿却哭了。他女儿哭着说：“爸爸，你把我的鸡腿拿给别人吃了。”回家还向妈妈告了状，结果爸爸被妈妈数落了一通。

我朋友就跟我说：“我哪儿错了？我教女儿要分享，如果是我的话，我一点儿都不吃，都分给大家。”我就问爸爸一个问题：“这个鸡腿到底是谁的？”他说：“是我女儿的。”然后我又问他：“物品所有权是你女儿的，你从女儿手里抢过来分一块给别人，这么做合适吗？”

他说：“我要教她分享的品格呀。”我说：“分享，不是从别人手中拿过来。好比你看到一个富翁，你跑到他面前说，你看那么多穷人，你把钱分给他们。你要敢动人家的钱就会有警察来抓你，对不对？你把女儿的鸡腿分给别人，和动手分富翁的钱有什么区别？你要尊重她的物品所有权。”我的朋友这才恍然大悟，去向孩子道歉。

记者：听了这个故事，我想到自己也常常越过界限，还以为是在培养孩子分享的品格。

赵豪：对，这是父母要谨慎对待的。培养孩子分享的品格当然是好的，但要讲究方法。以我朋友为例，其实他可以事先做女儿工作：“闺女，你看这个小朋友也想吃，要不要你来分一块肉给他吃？”这是在帮助孩子分享，当然决定权在孩子。如果孩子不分享也没关系，4个鸡腿分出去3个，说明孩子是个很有爱心的人。

3~5岁是主动性与内疚阶段。这个时期的孩子已经可以独立完成一些事情，建议父母可以让孩子多做一些手工，训练孩子的精准性。比如我会给女儿买穿珠和拼图玩具，孩子们都特别喜欢这种游戏。一些孩子的感觉统合存在问题，很难做到精确，其实和缺少在关键期的训练有关。3~5岁阶段也可以训练孩子去完成一些完整的作品。

这个阶段有一个执拗敏感期。有很多孩子很拗，父母说什么他都不听，其实他也是为了尝试一下，我这么拗，爸爸妈妈的反应会是什么？他在突破父母的底线，看一看父母的反应。

这个阶段还有一个完美秩序敏感期。比如你家爱吃面食，烙了大饼，孩子抱着一张大饼啃，你说“你吃不了那么大一个，掰一块吃就行了”，可他偏不，就要拿一整个，你要掰开的话，他就要哭鼻子了。然后呢，他吃几口就不吃了。其实父母要明白孩子其实是在完美秩序的敏感期，追求完整，不希望看到破坏。要是你不小心弄坏了他的东西，他非要你还给他一个一模一样的不可。

这一阶段也是婚姻敏感期，小朋友都喜欢过家家，体验不同的性别角色。

第四阶段是6—11岁的勤勉与自卑阶段。在这一阶段，孩子们会将精力更多地投入学业与社交当中，家庭持续发挥影响，父母的鼓励与陪伴，无条件的接纳与适当的界限，都能帮助孩子更好地认识与探索自身与周围的世界。

第五阶段是12—21岁的身份角色困惑期。在这一阶段，父母与家庭的影响开始不断减弱，孩子更多受同伴影响，进入集体冒险阶段，探索自我价值、人生意义，也会有许多困惑和挑战。

记者：一路走来，父母的角色原来是不断变化的呀！

赵豪：是的。在孩子学龄前，父母是指挥官，父母的话就像将军向士兵发号施令一样；在孩子7—12岁，父母的角色变为教练，孩子有很多话题会跟你探讨，你要手把手地带他，像教练带徒弟一样。

在孩子12—18岁，父母又变成了引导员。我们都见过交通引导员，红灯时把人拦下，绿灯时放人过去，但他们没有执法权，只能一遍一遍地跟孩子强调。对青春期的孩子，父母要商量，不能硬来，也不能说刺激的语言。“你还不如死了呢！”这样的话绝对不可以出口，会很危险。18岁的孩子进入了青年期，这时的父母就是顾问，孩子愿意，父母就跟他聊天谈心，成为非常知心的好朋友。

终其一生，父母与孩子都是战友，要肩并肩站在孩子的旁边，一起面对各种各样的压力和困难。家里的门要永远向孩子敞开，无论孩子遇到什么样的挫折和困境，父母都要告诉他：“爸爸妈妈的爱永远不会离开你，你任何时候都可以回家。”

面对青春期

记者：对父母来说，最头疼的阶段就是孩子青春期的时候了。父母该如何做好准备？

赵豪：现在青少年的心理健康问题还是很严重的。有本书叫《乖小孩大危机》，我建议父母们可以读一读。很多父母看孩子很乖，就觉得一定没事，其实未必。你不一定了解孩子的内心，你看到的可能都是表象。所以，父母要从孩子小的时候就关注他的内心世界。如果你觉得青春期的孩子突然像变了一个人，那是因为你从未了解过他。

对于青春期孩子的家长，我给的建议是：首先要多给孩子关爱，你只能去爱孩子，让孩子感受到你的爱。如果没有很好的关系，孩子觉得不被你接纳，你说什么他都会觉得你是在捆绑他。多花时间和孩子在一起，运动、聊天、吃饭……都是建立关系的好时间。

记者：网瘾几乎成为当代父母头疼的焦点，您认为父母该如何面对？

赵豪：青春期孩子最令父母焦虑的问题，第一就是网络游戏成瘾。有个孩子迷上网络游戏，天天在家打游戏，不去上学，他妈特生气，说："你去不去上学？要是你天天在家玩游戏的话，我就饿死你，不给你弄吃的。"孩子说："你饿死我就饿死我，饿死我也要玩游戏。"他妈两天没给他吃的，他还真的就不吃不喝在屋里玩。

第三天，妈妈心疼孩子，端着饭送到孩子面前。后来这位妈妈找到我说："赵老师，你要多少钱我给你多少钱，你让我儿子别玩游戏了。"我说："让他不玩游戏，我真解决不了。但我建议你，在这种情况下，还要让你儿子知道你爱他。"

在孩子小的时候，如果父母能引领孩子对其他活动产生兴趣，就会减少电脑游戏上瘾的概率。游戏是越打越熟练，越喜欢打，如果起步晚，技术和成绩一定不如别人，玩不好也就没那么大兴趣了。就像我学习打麻将，一个朋友说我教教你，我打一局输一局，完全没有意思。打游戏也是这样，总是输，就不玩了。所以，从小引领和预防是有一定效果的。

另外让父母头疼的就是毒品和色情。你说小孩子能从哪儿去弄这些东西？他们得到这些的途径你未必都想象得到。孩子们之间在流传什么，有时会让父母大吃一惊。今天的世界，父母和孩子面临着比以往更大的挑战。说到性关系，过去是大学生谈对象，现在高中生、初中生、小学生都在谈对象。因而，防止孩子遭遇性侵害，也成为这个时代一个重要而紧迫的话题。

记者：那么面对青春期的孩子，父母就无计可施了吗？

赵豪：爱永远都不会失败。虽然父母会失误，孩子会失误，但无论从什么时候开始，我们都可以来学习真爱。我们自己是不是也有过很多问题？当我们被无条件地接纳与爱时，我们就会愿意改变。改变，什么时候都不晚。父母不要急功近利，生命的成长与重塑是需要时间的，但过去的错误也会使我们更明白什么是最美好、最值得追求的。

说到这里，就要说到我们培养孩子的目标到底是什么呢？我们用生命应该具有的好品质来表示：友爱、快乐、平和、善良、诚实、温柔、节制，我们希望孩子能拥有这些美好的品质。

如果没有爱，我们每一个人都会生活在恐惧当中。选择互相伤害还是彼此相爱？我们相信在正确的引导下，孩子会做出正确的选择。当他的生命中有爱时，他才是真正有力量的。

真正的快乐是从心里面发出来的。快乐会增加孩子的免疫力，使孩子更有精力与活力，所以我们要培养孩子成为一个乐观的人。快乐的人内心常常是笃定的，有信心的。乐观的人凡事都会往积极的方面去思考，悲观的人凡事都会往消极的方面去想。

节制是什么？节制是放纵的反面，是一种真正的自由，有不想做什么就可以不做什么的能力。有人说我想玩游戏就玩游戏，想吸毒就吸毒，想喝酒就喝酒，但是，你能反过来吗？你想不吸毒就可以不吸了吗？你做不到，放纵使你被辖制和捆绑了。

记者：这些美好的品质是岁月抹不去的财富，是人生中真正宝贵的东西。那么父母怎么帮助孩子获得这些品质呢？

赵豪：父母做榜样是最重要的。养育孩子，也是父母成长的过程。其次，用美好的书籍、积极的活动、热心的善举也可以帮助孩子获得这些美好的品格。

多读好书，会使孩子受益良多。不仅可以向孩子传递美好的品格与价值观，还可以训练孩子的表达能力、创新能力。我女儿特别擅长演讲，就得益于我们给她读了大量的故事，她去演讲的时候，瞬间就能把这些故事组合在一起，形成生动活泼的演讲内容。

也有一些很好的音频故事，父母可以选择让孩子大量地去听。现在的孩子花大量的时间去玩游戏、看动画片，导致注意力缺乏。游戏和动画片中的视觉语言的张力非常大，比如说动画片中的小老鼠，尾巴一拉，能拉100米长，这种张力是非常吸引小孩子的。比较而言，看书就没那么吸引人了，孩子很难集中注意力。长时间接受强刺激的东西，孩子很难在课堂上保持安静。

所以，在孩子小的时候，父母要和孩子一起读好书、一起去游玩、一起去做善事，这都是在为孩子顺利度过青春期打下良好的基础。

曦曦在采访塞尔维亚驻华外交官

赚得全世界，赔上自己的儿女有什么益处呢？ 

PART 2.2

孩子的每个成长阶段

孩子成长的每个阶段都很重要

孩子成长的每个阶段都很重要。

孩子的每一个成长时期都有不同的特点，也都有父母需要了解与面对的功课。

了解孩子不同成长期的不同特质，可以帮助父母更好地养育孩子。从0—18岁孩子成人前，我们做一个简单的划分。

0—12岁是家庭影响阶段。在这个阶段里，家人尤其是父母对于孩子的影响是至关重要的。举个最简单的例子来说，孩子在这段时间有什么事情都愿意和爸爸妈妈说，比如与小伙伴约好“别告诉别人啊，这是咱们的秘密”，可一回家孩子就忍不住跟妈妈全盘托出。为什么？因为在这个阶段，父母对孩子来讲是最重要的人。做父母的一定要把亲子教育的重点放在这个家庭影响阶段。如果错失了这个时机，到了青春期再想去教育孩子，就会比较艰难。

12—18岁是同龄影响阶段，也叫集体冒险阶段。这个时期的孩子会觉得自己已经长大了、成熟了，什么都懂了，很希望和小伙伴们一起模仿成年人的活动。这个阶段的孩子处于成熟与半成熟之间。

进一步细分，0—12岁又可以分为两个阶段：0—6岁是母亲影响阶段，6—12岁是父亲影响阶段。

母亲影响阶段，实际上是在给孩子打基础。一个孩子对于世界的认知、内在的信任感与不信任感、价值观的形成，很多是在6岁之前形成的。

等孩子长到六七岁的时候，会发现外面的世界很精彩，开始渴望出去探险，这个时候爸爸的作用凸显出来，因为爸爸比较强壮，有创意、爱冒险，孩子开始崇拜爸爸。

爸爸这时候会成为孩子学习的榜样。如果爸爸是一个特别爱抽烟的人，孩子可能觉得抽烟没什么不好，因为爸爸都喜欢抽；如果爸爸喜欢说脏话，可能孩子也会觉得说脏话挺酷的，也会去模仿。

到了12—18岁同龄影响阶段，小伙伴们一起去冒险是孩子最喜欢干的事情，要一起去做一些与众不同、让别人大吃一惊的事情。

通过这样一条时间线，我们可以认识到孩子的每个年龄段都有父母需要学习的功课。只有了解了孩子不同时期的特点，才能更好地解读孩子的内心，更好地与之沟通，否则就是你不懂他，他也不懂你。所以父母一定要学习，在关键成长期谁最能影响你的孩子呢？只有你。要期待你的田地里面有丰富的收获，你就要常常去浇水、施肥、除虫。

0—1岁共生期

什么叫共生期？0—1岁的孩子只能在他人的帮助下才能生存，只有在妈妈的怀抱中才会感觉安全。这一时期的孩子和妈妈就是一种共生的关系。

在这个阶段，孩子健康成长的重点是什么？是信任感的建立。父母在这一阶段一定要着重与孩子建立高亲密度的依恋关系。妈妈一定要多陪伴孩子，多给他爱抚，跟他说话，给他读故事。这样美好、亲密的关系，对于孩子非常重要，而且妈妈的语言表达也会开发孩子的智力，让孩子对语言更加敏感。

在这一阶段，不要频繁更换孩子的原初照顾者，比如说今天是妈妈，明天换成了爸爸，后来又变成了爷爷奶奶，过了几天又变成了外公外婆。不断更换照顾者，孩子接收到的是一种不稳定、不安全的信号。孩子是很聪明的，父母可能都有过这种经历，孩子在妈妈怀里睡得很香，一离开妈妈，即使是换成别人一样抱着，可孩子一下就醒了。

安全感的建立对一个孩子的健康成长是非常重要的，有安全感的孩子可以安静、自信地做事。而没有安全感的人呢？和别人交朋友，生怕朋友会离开自己；和别人共事，总担心自己会不会被坑；谈起恋爱，又会一直担心对方会不会和自己分手。

在0—1岁共生期这个阶段，和谐稳定的家庭环境对孩子成长和性情的稳定是相当重要的。如果孩子生活在一个争吵不断的家庭中会怎样？我曾经给中央电视台写过一个公益广告的剧本，内容是在一个家庭中，爸爸妈妈都穿着迷彩服，拿着机枪，两个人都说“我要保护孩子，谁都不能伤害他！”。他们开枪互射，子弹都落在了孩子身上。孩子接收到的信号是这个家是不安全的，整个世界都是不安全的。

0—1岁孩子的妈妈患产后抑郁症的现象也比较普遍 。身体上的疲惫和心灵上的压力一起袭来，新手妈妈真的会措手不及。如果丈夫不配合，不去关心、呵护妻子，妻子就可能产生抑郁情绪，这种情绪也会传递给孩子。妈妈可能自言自语，把心中的不满说给孩子听，妈妈无意中把孩子当成了倾诉的对象。

在孩子安全感建立的关键阶段，要给孩子打下一个好的基础。不要觉得这个时候孩子什么都不懂，等到孩子懂事了，你再去重建，相对来说是比较难的。

父母要对孩子诚实，不要觉得孩子小，不懂事，就忽略孩子的感受。你若要出门，上班也好，办事也好，一定要如实告诉孩子，哪怕他哭也没关系，比不告诉他突然消失或骗他要强。总而言之，不要破坏孩子对父母的信任、对周边环境的信任。让孩子生活在安全温馨的家庭环境中，对孩子的一生都大有益处。

1—3岁自主与羞愧

1—3岁的孩子开始进入自主与羞愧的阶段。我们会发现1岁后的孩子有了很大的变化，开始会走路，甚至会跑。很多父母会觉得累，因为这个阶段的孩子没有树立安全意识，即使前面有危险，也照样往前冲。

这个阶段的孩子有很多自己的想法，你越提醒他这个东西不能摸，有危险，他越要用他的小手指去抠一抠。这个阶段的孩子在不断地尝试和探索。他可能也对来自父母的批评很敏感，有一种羞愧的心理，表现为生气或伤心，所以这个阶段的孩子最爱哭。在受到父母批评之后，他可能会伤心好长时间，但突然又会说："妈妈，我要跟你和好了。"

我给这个年龄段孩子父母的建议是：首先要考虑安全，比如说家里的墙插和插版，要想办法封上；别让孩子够着比较尖锐的物品，比如刀、筷子等，如果孩子拿着这些东西到处跑，一旦摔倒，可能造成很严重的后果。

另外要注意窗台。有些家庭的窗台和床、桌子连着，孩子会爬到床上，再上窗台，这也是很危险的。再有就是要把桌角包一包，也要注意不要在孩子可能撞到的地方放置大的物品，以免掉下来砸着孩子。

这个年龄段，父母要尽量多抽时间和孩子进行亲子阅读，借着优秀的图书，与孩子产生美好的互动。在1岁之前，孩子会把书也当成一种玩具；1—3岁是帮助孩子建立阅读习惯的最好时间段，父母用温柔的声音为孩子朗读，要切记给孩子阅读完书之后，千万不要去问他："你记住什么了？"你如果常常这样问孩子，他可能以后就不爱让你给他读书了，因为你每一次读书给他听都要有考试。让孩子单纯地享受阅读的时光是最重要的。

其实，这种阅读也会让孩子在潜移默化中记住很多东西，在需要的时候，他会很快从大脑中调出来你给他阅读过的一些故事和情节。阅读习惯的建立，对孩子未来的求学生涯是很有帮助的。

1—3岁这个年龄段的孩子有两个敏感期。第一个敏感期是延迟满足能力敏感期。1—3岁的孩子想要什么立刻就想得到，无法得到满足可能就要哭闹打滚。父母千万不要被孩子的哭闹制约，很快去满足他的需求，这样做的后果是孩子可能会形成一种观念：只要一哭闹，父母就会满足。

父母要有意识地训练孩子拥有延迟满足的能力，让孩子从小就学到：不是他想要什么就有什么，他拥有的背后是父母辛苦的付出。

我记得我女儿看到围棋班招生，就跑过来跟我说她要学。我知道招生的小伙子跟她说："你要报了我们的班，我就给你一个水枪。"我知道她是冲着水枪才要学的，因为她还根本不懂什么是围棋。我就跟她说："爸爸知道你想学围棋，但咱们先等一等，看看你是不是真的喜欢。"第一天，第二天，第三天……一星期之后，我女儿还在问我："爸爸，你是不是可以给我报围棋班了？我想学围棋。"我觉得差不多了，就给她报了围棋班。

最初，她可能就是为了得到那把玩具水枪才想报名，但后来我看到了她的坚持，就同意让她去尝试。她是那个围棋班里年龄最小的孩子，但她学的是最好的，因为这是她很不容易才得到的机会，所以很珍惜。

延迟满足的能力对我们的孩子来说是一个福祉，能轻易得到的，也能轻易地放弃或丢弃。

1—3岁的第二个敏感期是物权敏感期。我们常会看到孩子争玩具，父母不要觉得孩子老说“这个玩具是我的！我不想给别人玩！”就说这个孩子自私，不愿意分享。这个阶段是孩子的物权敏感期，父母要如何引导孩子呢？我的建议是首先要清楚这个物品到底是谁的。如果是孩子的，我们就应该让孩子自己来做决定，他可以让别人玩，也可以不让别人玩。

如果你想帮助孩子拥有分享的品格，你可以建议孩子轮流玩或者交换玩，也可以建议孩子先不玩这个玩具，一起做其他的游戏。作为父母，你可以想出很多办法，但千万不要从孩子的手中强行把玩具拿过来给别的孩子，因为这个物品的所有权人不是你。就算这个玩具是你给孩子买的，但你已经送给了孩子，那么这个玩具的所有权就是孩子的了。

在物权敏感期，可以让孩子明白很多道理：第一，我们可以让孩子学会保护好自己的玩具，保护好自己的物品。第二，让孩子学会尊重别人的界限，知道我不能随便去拿别人的玩具，我也要尊重别人的物品所有权。

3—5岁主动性与内疚

3—5岁的孩子进入了主动性与内疚阶段。这一阶段的孩子会主动完成一些事情，有一些独立的思考，喜欢说“我自己来”，如果他在画一幅画，别人要是给他加上一笔，他会很生气，觉得这是在给他搞破坏。

这个阶段，父母会觉得孩子的想法行不通，但是不要去批评他，不要打击孩子主动的思考，要持鼓励的态度，也可以在旁边给孩子一些参谋和帮助。这个阶段的孩子也会有一些内疚的心理。比如说没做好或者造成了一些损失，孩子会有很强的负罪感，甚至会形成萌芽状态的低自尊或者低价值感。

面对这个阶段的孩子，我给父母的建议就是要更多地去鼓励他，因为孩子很敏感，你的打击可能真的会让孩子没有力量再重新开始。当然，我们去赞赏的时候，也不要把赞赏变成一种操纵，赞赏一定要发自内心，要真诚。

比如孩子说“我想养花”，父母可以帮他买一些小工具，和他一起去外面弄一点儿土，不要笑话他说：“你哪里会养花！”也不要因为怕麻烦，就说：“宝宝乖，宝宝爱干净，不去玩土啊。”父母要抓住这样的机会，和孩子一起享受探索的乐趣。

我有一位老师，他和孩子最喜欢做的事就是在院子里面搭建小木屋。他先把钉子钉进去一点儿，然后让孩子继续完成。孩子拿起锤子一下就把小钉子砸弯了，我的老师就把这个钉子弄下来，在石头上敲直了，然后再钉进去一点儿，让孩子来继续。

如果成年人建小木屋的话，可能很快就完工了，但是和孩子一起建，可能就很慢，这时候我们要想一想，速度真那么重要吗？在这个过程中，我们培养了孩子忍耐的品格，也让孩子学习到了如何坚持完成一件事。在这个过程中，父母充当了教练的角色。建造小木屋成为我的这位老师与他的孩子最美好的记忆之一。

孩子3—5岁的时候，父母要多带孩子走进大自然，去发现，去探索。我家附近有个公园，我和女儿常去那里。出门的时候我会悄悄带一块金币巧克力。当我们走到小桥上面时，我会问她：“这个桥像不像《爱冒险的朵拉》里面的桥？有大鸟先生来修桥了！”我们就在桥上一起编故事。当我们走到假山下面，我们就开始玩“寻宝”游戏，我悄悄将金币巧克力藏在一个地方，用一片小树叶盖起来。大家可以想象这个场景，在一片草地上，孩子突然发现了一枚闪闪发光的“金币”，这多令人兴奋啊！她捡起来，打开一看还是能吃的，就更开心了！

我们一边分享这块金币巧克力，一边唱着歌往家走，在路上还会捡一些奇形怪状的小石头，回到家之后用胶水把它们粘成不同的造型。我说：“我们粘得这么漂亮，是不是再种个小花更好？”我就在网上买了一些花种，种下去，期待着种子发芽。

所以父母要在孩子3—5岁这个阶段多去培养他的主动性。孩子做错的时候，有内疚的时候，要鼓励他勇敢前行，不要怕。因为在人生的路上会有很多困难，我们要培养孩子抗挫折的能力和不断尝试的韧性。

这个年龄段里面有三个敏感期，第一个敏感期叫执拗敏感期。我们会发现这个年龄段的孩子有时候会比较拗，父母甚至会觉得孩子怎么跟我对着干，这么不听话！其实孩子是想有自己的做法，坚持要去试一下。这个时候我们不要和孩子进行激烈的争执，其实很多事情是没有对与错的，在孩子能承受后果的情况下，可以让孩子按着他的想法试一试，父母可以在旁边帮助他、保护他。

在孩子的执拗敏感期，父母也可以省察自己定的界限是否清晰。如果界限清晰，孩子一般不会有这么明显的执拗。父母往往是怎么确定界限的呢？跟着感觉走，开心时孩子做什么都无所谓，不开心时会给孩子设定各种界限。执拗敏感期的孩子需要清晰的界限，他已经认定这么做是没问题的，父母却又突然告诉他不可以，争执就会发生。

如果孩子真要坚持用自己的方式去做，我觉得父母可以让孩子去尝试，通过后果来引导孩子。也可以跟孩子探讨还可以有怎样的思路和方案，让孩子学会弹性思维，而不是固执在一个方式中。

这一年龄段的第二个敏感期是完美秩序敏感期。这个年龄段的孩子，可能对他所在乎的东西有自己的高标准，比如他的画不允许别人再加一笔，他堆的积木不许别人碰，做事的程序一定要按他的方式。这个时候父母要明白，孩子不是故意找碴儿，而是处在完美秩序敏感期里面。以前我女儿每吃一顿饭，要费很多餐巾纸，她发现哪儿有一点儿脏就要擦。我们没有批评她浪费，而是慢慢告诉她，可以吃完后再一起清洁，后来她就没那么较劲儿了。

父母不要随便给孩子贴标签，孩子是承受不起的。可能孩子自己也很苦恼，为什么我会这样？我们应该去理解，再加以提醒，帮助我们的孩子慢慢进行调整，而不是去指责他。

这个年龄段的第三个敏感期是婚姻敏感期。我们会发现3~5岁的小孩子最喜欢玩的一个游戏是过家家。谁来扮演爸爸？谁来扮演妈妈？谁来扮演宝宝？孩子玩得不亦乐乎。这种游戏是可以让孩子玩的，但是父母要让孩子在你的视线范围内玩，要保证孩子的安全，同时要让孩子懂得身体的界限，尊重自己和别人的隐私部位。有关性教育的话题，父母是可以在孩子的这一敏感期来与孩子共同讨论，并帮助孩子树立隐私概念及自我保护意识的。

6—12岁勤勉与自卑

6—12岁是勤勉与自卑阶段。黄金教育阶段是3—7岁，我们传统文化当中也有“三岁看大，七岁看老”的说法，到了7岁，孩子的很多品格与行为习惯已经养成。

我认识一个妈妈，以前对儿子宠得不得了，觉得孩子骂人、打人都不是问题，长大了就好了。孩子上了学，发现自己无法交到朋友，因为他爱骂人。孩子很孤独，他问妈妈：“为什么别人都不愿意跟我玩呢？”这个妈妈意识到了过去教育的疏忽，就告诉孩子要尊重别人，要和别人友好相处，她给孩子讲了很多，但孩子变化甚微。

孩子在这个阶段还能不能改正不好的行为习惯呢？不是说不能，只是父母要付出加倍的努力。对于父母来讲，你有机会在孩子人生头7

年为他打好根基，就千万不要等到以后再修补。

6—12岁的孩子为什么会自卑？这个阶段，孩子在内心深处会有很多探索和思考。相关研究表明，7—12岁儿童的心理问题是很突出的。这个阶段各种压力接踵而来，除了要考试、写作业，孩子也有了人际关系方面的压力。这个阶段的孩子开始在乎“谁是我的好朋友”“我和谁在一起玩”。

当心理发生变化，孩子的自卑感开始出现。当外界评价“你不行”“不够好”时，孩子会敏感地接收到，并会按照这样一种自我认知去和人相处，认为“我就是这样”“我就是什么也做不好”，觉得自己不如别人，于是就自怜自卑，或者表现为自傲，像个刺头，动不动就生气，无法承受任何一句玩笑。

很多自卑的外在表现是勤勉、积极进取。有些孩子会在学习成绩上、游戏上、人际关系上与同伴竞争——我要赢、我要比你强、我要穿名牌……

这个阶段的孩子虽然会有一些叛逆的倾向，但还是离不开父母，比如和父母犟嘴了，过不了多久就会向父母道歉，要出门也希望能有爸爸妈妈陪着，这个阶段的孩子对父母的依赖性还是非常强的。

这个阶段的孩子还很需要父母的保护和引导，所以在这一阶段，父母要承担起教练的角色，和孩子多互动，做一些户外游戏。这个年龄段的孩子是不知道累的，能一直奔跑，好像有用不完的力气，求知欲也会非常强烈，父母可以和孩子一起探索科学、地理以及动、植物等领域的知识。

对于6—12岁的孩子，父母还是要确立界限。随着认知越来越广泛、人际关系越来越复杂，这一阶段的孩子也容易受一些错误价值观的影响，所以父母仍然要让孩子知道什么是可以做的，什么是不可以做的。如果错过了这个阶段的教育，到了12岁以后再想给孩子立界限就比较困难了。

12—18岁身份与角色的困惑

有人提出一个名词叫“可怕的青春期”，足以说明做青春期孩子的父母是非常不容易的，不过我觉得做正确的事情，只要开始就不晚，哪怕我们的孩子现在已经进入青春期，已经有很多问题了。但是，如果父母不肯成长，不肯改变，还是用旧的方式去对待孩子，青春期引发的家庭冲突就难以避免了。

12—18岁的孩子对于身份和角色是很困惑的。他们觉得自己已经长大成人，什么都想自己尝试、自己决定，但实际上他们离成熟还有很长距离，一旦遇到麻烦或闯了祸，往往束手无策，不知道怎么去面对，只能等待父母帮忙去解决。

这一阶段的孩子对于死亡是没有概念的，可能会采用一些极端的手段去处理问题。所以我们会看到一些青春期的孩子与社会闲散人员混在一起，建议父母不要因为孩子不听话就发狠话：“滚！再也别回来！”孩子一旦因为冲动过早走入社会，是非常危险的。

对于青春期的孩子，父母应该给予更多的理解、引导和接纳。什么是接纳？就是你无论怎样我依然爱你。很多父母会说这个孩子太不听话了，他不配得到我的爱。他配，因为他是你的孩子，他的生命是独一无二的。许多父母跟我说：“我的孩子到了青春期，我才知道什么叫无条件的爱，因为以前我的孩子小，比较听话，是容易爱的。但到了青春期，他变得不听话，这个时候我才学到什么是无条件的爱。”

无条件的爱是非常不容易的，却是青春期的孩子最需要的。当他知道不管怎样父母都会爱他，他的心才不会向父母关闭。当父母和孩子还有亲密的关系，父母就可以给青春期的孩子确立界限。比如到了青春期，父母要给女孩子立的界限是每天晚上几点之前一定要回家，不可以在外面留宿，和谁出去玩了要告诉父母，等等。这些都是最基本的安全的界限。青春期孩子的父母也要尊重孩子的界限，比如进孩子的房间要敲门，这么做就是在训练孩子有界限意识，你尊重了他的界限，他才会尊重你的界限。

青春期孩子的父母可能更担心孩子陷入网瘾，我建议在孩子小的时候，父母尽量不要让孩子玩电子游戏，要带孩子做更多健康有益的亲子活动，比如体育运动。相比虚拟世界，孩子还是更喜欢和亲密的家人、朋友在现实中互动的。我认识一个爸爸，他带着儿子开车出去玩，在野外扎营，尝试野外生存，孩子觉得这比在家打游戏酷多了，还能学会很多同学没有的技能。

如果孩子已经进入青春期，并且陷入网瘾不能自拔，那还有没有希望呢？就算孩子陷入了网瘾，也仍然是有希望的，父母不要灰心。

我再讲一个朋友的故事。这个爸爸在教育部门工作，孩子小时候很乖，青春期之后开始打游戏，到后来完全失控，父母唠叨，孩子就把门关上。妈妈发现唠叨、恐吓都无济于事，就学习无条件地接纳孩子。但一天、两天过去，父母看孩子没有改变，就又开始唠叨，孩子就跑出去到网吧打游戏。到了晚上，爸爸就开始大街小巷找孩子。

有一天，他在一家24小时营业的肯德基店里面找到了孩子。他给孩子留下一件衣服，怕孩子晚上冷，又给孩子买了点吃的、喝的，什么话也没说。孩子当时很吃惊，叫了一声“爸爸”，爸爸就跟孩子说：“老爸回家等着你，你什么时候回去都行。”

这个爸爸说，他在客厅的沙发上睡了很多天，等着儿子回来。有一天半夜，门突然开了，儿子回来了！儿子抱着爸爸说：“对不起！爸爸，你知道吗？其实我心里面也很烦，打游戏可以排解我心里面的一些压力。”后来，这个孩子对爸爸说：“我特别感谢你，你没有放弃我，你还能接纳我。”

青春期的孩子学习压力大，人际关系压力大，面对异性容易产生自卑心理……一系列的压力使一些孩子宁愿躲在电子游戏里。所以无论怎么样，父母不要放弃孩子，因为他是你的孩子。无论出现什么情况，家里的门都应该向孩子敞开，像这位父亲一样。试想如果看到儿子进门，这位父亲说：“你还有脸回来？！”孩子可能真会走上歧途。

陪伴青春期的孩子是不容易的，但仍然有改变的机会，父母也会在这个过程中成长。

父母一生扮演的五种角色

在孩子成长的不同阶段，父母都在扮演什么角色？

在孩子学龄前，父母的角色是指挥官。这个年龄段的孩子很喜欢玩将军与士兵的游戏，比如父母说："我是将军，你是士兵，我现在发一个命令，你要去执行任务！"孩子会开心得不得了。在这个时候，他很喜欢当你的小帮手，喜欢在这个过程中体验他到底能做什么。

当孩子觉得自己可以独立完成某项任务，不需要父母帮忙，他就会得意地告诉小朋友："我都可以帮着妈妈端菜了！"父母要抓住这样的时机给孩子有益的培养，当你下达指示的时候，学龄前的孩子会说"好的"，学龄后的孩子会说"为什么"。

在孩子6—12岁，父母的角色变成了教练。这一阶段，孩子好奇心旺盛，问题特别多，而且千奇百怪。你布置一项任务，他会问你一百个问题，很多父母为此苦恼，甚至不耐烦："你的问题怎么那么多？让你干你就干！"这一阶段，父母要扮演教练的角色，手把手地教，反复地训练。21天能训练出一个好习惯，但训练孩子却需要更久的时间和更多的反反复复。

人的一生都应在学习中度过。有一次我去一个大学讲课，一位教授跟我说："我学了很多知识，但是让我很苦恼的是，我不知道如何来教育自己的孩子。"其实我们每个人都有自己的长项，也有自己的盲点，在亲子教育方面，我们都要不断学习，因为你是逃脱不了这个角色的。

以前师傅带徒弟，一起吃一起住，徒弟既学习技能，也学习如何做人，学到的东西就会比较多。我们作为父母也是这样，要手把手做孩子的"师傅"，教他如何做人，成为他人生道路上的重要引导者。很多时候孩子在学校里学的是文化课，而他生活的能力、自我价值的认知等都是需要在家庭中去学习和养成的。

在孩子12—18岁，父母成为引导员。在这一阶段，对待孩子不能硬来，你既不能再当指挥官，也不能像警察一样，孩子不听话，你就把他抓起来，你只能去引导。

这是一个真实的案例。父母和孩子产生冲突，双方激动之下，父母对孩子说：“你这样还不如去死！”结果孩子就从楼上一跃而下。这一阶段的青少年对于死亡还缺乏概念。

这个阶段的孩子进入了集体冒险阶段，对于未知的、恐惧的、刺激的事物，他们都会尝试。他们会觉得父母的观念过时了，现在流行的都不懂，自己要比父母懂得多多了。

父母要拿出更多时间观察孩子，花时间和孩子谈谈心、聊聊天，了解孩子的内心状态，和他们探讨如何与人接触、如何控制自己的情绪，要关心孩子，帮助他们舒缓压力。父母要和孩子一起成长，一起面对，不要高高在上，一副总是你错我对的样子，要勇于向孩子道歉。

在孩子的青年期，父母的角色变成了朋友和顾问。孩子还小的时候，我们不要和孩子做朋友，做朋友表示我们是平等的。就像有父母说：“我每天让我的儿子睡觉是一件很难的事情。因为他每次都问我，凭什么让我先睡觉？妈妈你为什么不先睡觉？”这个妈妈觉得孩子问的好像有道理，为什么让孩子睡觉，自己不睡觉？我建议这个妈妈这样回答：“我们本来就不一样。我是妈妈，妈妈有妈妈的工作，比如说要打扫卫生，要去收拾东西，成年人的睡眠时间和孩子的睡眠时间也不一样，所以你先睡不是不平等的。”

到了青年期，我们是可以和孩子做朋友的，可以成为孩子的顾问。朋友就是平等的，你给孩子一些建议，他可以接受，也可以不接受，只是作为一个参考。

终其一生，父母和孩子就是战友的关系，共同面对人性的弱点，接受成长的挑战。

父母有多无知，孩子就有多危险。 

PART 3

保护儿童远离性侵害

性
教
育

魅影重重的“隐案”

记者：2020年尾，一篇新闻报道引发了父母们惶恐不安的情绪。那就是韩国电影《素媛》的原型，性侵8岁幼女并造成孩子永久残疾的68岁的赵斗顺，在服刑12年后出狱了。可怕的是，这个体格健壮的罪犯在狱中一直声称要“与受害人见面”。

赵豪：电影《素媛》根据真实案例改编，罪犯手段极端残忍而举世瞩目，有许多人发声援助孩子及其家庭。现实生活中，1起案件浮出水面，就有7起案件隐藏在水下，性侵案中的熟人作案率高达70%，受害人往往顾虑重重，举证艰难。这些在现实生活中魅影重重的“隐案”，是更应该引起父母们关注的。

记者：可以举一个你曾介入并辅导的案例吗？

赵豪：我的一个学生，经过恢复与重建，现在已经走出童年噩梦。我征得了她的同意，把她的故事分享给大家。以下是她的自述：

我的原生家庭并不幸福，我最恨的是父亲，但懦弱的个性使我一直忍隐着。虽然我表面和他和平相处，但在我内心深处，最恨的人就是他。是他，让我在儿童成长时期，经历了不该经历的伤害；是他，让我拥有了一个不堪回首的童年。

我出生在一个农民家庭，我的母亲是我父亲的第二任妻子，他第一任妻子和他之间发生了什么，我们都不知道。但是我在内心深处认定，他是一个自私自利的人，只会注重他自己的感受和他自己的一切。后来父亲外出务工，他每年都要母亲把家里的粮食卖了，换钱给他……

父亲的种种不负责任的行为，使我特别讨厌他，不想看到他。但很多事情却是越想逃离，越是和自己紧紧绑在一起。在我4岁半的时候，母亲因为特别爱我（她有3个儿子，只有我1个女儿），认为城里的生活条件比农村好，就让父亲带着我到了城里。她无论如何也想不到，那是我更加不幸的开始。

除了从食堂里打三餐回来给我，他从来没有关注过我吃饭了吗？吃了多少？在我非常小的时候，他就让我看见了他对母亲的背叛，虽然当时我并不懂，也不明白，但这种不好的记忆一直伴随着我的童年。

记得那天非常热，他把我赶出门外，我口渴了，想回去喝水，却又进不去，透过门缝，我听到了不该听的，看到了不该看的……他使我感到恶心和害怕。

这些经历对于我接下来要分享的事，还不是惨的。

在我上小学一年级的时候，因为学校离住的地方比较远，那天我父亲又有事，就把我送到了一个亲戚家。在那个亲戚家，我遭到了两个人的强奸，我那时候并不知道在我身上发生的是什么，只是觉得很丢脸，很害怕。

直到我慢慢长大，我才明白这些不堪的事是什么。这种噩梦一直持续到我小学三年级，我三哥从老家过来，直到这时，才真正有人管我，保护我。我不敢跟任何人说，每天战战兢兢地生活着，就这样度过了度日如年的童年时光。

直到成年应该找对象结婚的时候，我依然极其自卑。条件好的我都拒绝了，找了一个条件非常不好的男朋友，我就是看中了他哪里都不好，好像似乎只有这样的人才正好匹配自己的卑微。

家人极其不理解并一致反对，但只有我自己知道我经历了什么，我自卑的真正根源在哪里。我认为自己不配拥有好的伴侣，我自己都嫌弃自己，也不相信婚姻是美好的，不相信任何人，极其没有安全感。

在家人一致反对下，我结婚生子。面对自己的家庭、孩子，我又变得手足无措。我小时候从来没有体会到爱，也不会爱，不知道该怎么去教导孩子，怎么爱孩子，更谈不上接纳孩子，所以，我不由自主地变成了一个冷酷无情的妻子和母亲。

记者：一个本该享有天真烂漫童年的孩子，却经历了这些不该经历的痛苦，更可怕的是父母根本不知道孩子在经历什么。

赵豪：对，父母不知道该怎样爱孩子、保护孩子，有的是因为生活所迫，不知道该如何面对。2021年，我们开设了“保护孩子远离性侵害”网络课堂，有位妈妈加了我微信，很胆怯地问我：“可以咨询些事情吗？”我说：“可以啊！”她就哭了，给我讲了她目前面临的困境。

这位农村妈妈离婚后带着12岁的女儿再嫁。女儿告诉她自己被继父欺负，她开始的时候不相信女儿的话，告诉女儿：“别瞎说！”女儿的情绪越来越糟糕，不与别人接触，爱发脾气，还劝妈妈离婚。这位妈妈自己也常常遭到丈夫家暴，她慢慢相信了女儿的话，可不知道怎么办好。丈夫外出打工时，妈妈和女儿才稍微踏实点，只要他在家，她们都战战兢兢、度日如年。

记者：您给了这位妈妈怎样的建议？

赵豪：首先，确保自己和女儿的安全，不要受到再次伤害。这位妈妈带女儿回到了娘家，在微信中，丈夫承认了性侵女儿的事实。这位妈妈提出离婚，丈夫一直不同意，后来竟然厚颜无耻地说把女儿给他就可以。

后来，丈夫拿着刀到家中威胁，这位妈妈无奈下打电话报警，警察将其劝回并没收了刀具。谁知第二天，此人竟然跑到派出所索要刀具。目前案件正处于审理阶段。

记者：遇到孩子被家人性侵的情况，通常您会给予怎样的建议？

赵豪：一，当孩子告诉父母自己的遭遇时，父母要高度重视，不要想当然地认为孩子在瞎说。同时要先采取措施使孩子远离危险，不要再次受到伤害。二，寻找可靠的专业人士给予孩子心理辅导，帮助孩子逐渐走出伤痛。三，向法律机构求助。

记者：父母都不愿意看到自己的孩子受到如此伤害，但怎样才能保护孩子远离这样的伤害，或者在早期及时发现并制止呢？

赵豪：这就需要父母早做预备，提高分辨力，培养孩子必要的安全意识和技能。在网络时代，性侵的方式更隐蔽和恶劣，比如韩国的N号房事件，26万人在网上围观未成年少女被性侵。父母对防性侵教育有多无知，孩子就有多危险。

中国少年儿童文化艺术基金会“女童保护”公益项目是由上百个女记者联合发起的，2020年，该基金会发布了《“女童保护”2019年性侵儿童案例统计及儿童防性侵教育调查报告》，主要内容如下：2019年曝光性侵儿童案例301起，受害人807人；其中熟人作案超7成，家庭成员性侵问题复杂；性侵者多次作案比例过半，持续作案最长达22年；遭遇性侵者中近9成为女童，小学和初中学龄段儿童受侵害比例高；施害人呈现高龄化趋势，最大年龄94岁，未成年人犯罪须警惕；平均每件案例受害人数上升，网络性侵形势严峻；校园等儿童活动场所是性侵儿童案件高发场地；城市与农村儿童均面临风险，城市儿童被性侵案例占比较高。

这些公开报道出来的数据仅仅是冰山一角，还有更多的儿童性侵案件由于各种原因成为隐案。一次，我一堂课讲下来，有好几位家长加我微信，他们在孩子遭遇性侵后都没有报案，选择了隐忍。

另外，我国有庞大的留守儿童群体，这些孩子遭遇性侵的危险更大，因为父母不在身边，即使被性侵，孩子也不会跟父母说。父母不知道，作案者就更加猖狂。

“女童保护”公益项目的另一项调查显示：近70%的家长没有对儿童进行过系统的防性侵教育，90%的儿童不知道如何保护自己。

记者：父母无法对孩子进行防性侵教育的原因是什么呢？

赵豪：最主要的一个原因就是不知道怎么跟孩子讲。很多父母完全不懂，包括我自己，在做这个课题研究前，也完全不懂。如果父母在这方面没有预备好，就好像你们家没有装门，坏人很容易就能进入你家。

调查数据显示，在750名受害人当中，14岁以下的比例为80%，年龄最小的3岁，14—18岁的比例为10%，12—14岁占比为31.87%，相对较高，这说明了什么问题?

这说明孩子自我保护的基本知识、防范意识和能力，并没有随着年龄同步增长，步入青春期的孩子同样迫切需要加强防范性侵的教育。

你看着孩子已经长起来了，长得跟你一样高了，但孩子自我保护的意识和小不点儿是一样的。这有多危险呢?孩子的身体开始发育了，也有性的冲动了，因而也容易被坏人引诱和伤害。如果我们不去教育我们的孩子，就会有无数的“大灰狼”垂涎欲滴地看着我们的孩子。

为什么性教育是父母的必修课？

记者：“保护孩子”不是父母的天性吗？还需要学习吗？

赵豪：天性并不代表父母有足够的知识和方法保护孩子。以前我们并没有把“保护儿童远离性侵害”当成一个很重要的课题，我以前给父母们讲课时就讲讲婚姻、亲子关系，但是这两年我开始讲“保护孩子远离性侵害”课程，而且频次超过了前面两个课程，因为我看到了太多的需求。

“养女儿真是很紧张呀！”很多家长跟我说过这句话。他们从来没想过性侵这种事情会离自己的孩子这么近，不仅是女孩的家长，而是绝大部分家长都没想过。大家都是看微信、看电视，从新闻报道中听到这样的事情，觉得离自己很远，其实不是这样，这种事就有可能在我们身边发生。我可以告诉大家，很多父母都不知道自己的孩子受到侵犯了，因为相当一部分孩子遭到侵犯之后，不敢也不会跟父母说，他们感觉如果跟父母说了，不知道父母的脸会是什么样的。他们偶尔试着跟父母说一下，今天我们班的男生给哪个女生递纸条了，男生喜欢哪个女生，父母的反应就是：不好好学习，老想这些事！这样一来孩子怎么敢跟你说呢？他们也会觉得这不是什么好事，觉得你不爱听，如果说了可能会让你丢脸，所以不会跟你说，结果就是事情被掩盖起来。

还有许多小广告充斥着挑逗的信息，不管是什么商品，药品也好、饮料也好、烟酒也好，甚至马桶上也贴一个美女的图片。为什么要贴这些图？商家清楚什么能吸引人的眼球呀!

有学者做过统计，如果有一段时间公交车上的广告是比较性感的人物图片，那这段时间车祸发生频次就会提高。城市大街上铲不完的小广告、酒店里的美女小图片……你想孩子会接收不到这样的信息吗?

我是一个摄影爱好者，上大学时还是河南省青年摄影家协会的会员。我喜欢拍风景，也喜欢给小朋友拍照片。我发现以前给孩子们拍照片，孩子特别的呆萌，你说“叔叔给你拍个照片”，他就傻傻地站着，歪着头，很淳朴，很可爱。

现在我给孩子们拍照片，发现了一个变化，就是无论女孩还是男孩，都特别会摆姿势，特别是一些小女孩，还会扭屁股。开始我觉得现在孩子真的是见识多了，什么拍照动作都会，后来我突然意识到这并不是什么好现象，因为我感到这些小女孩摆的动作，跟电线杆上贴的小广告上那些美女的动作很像……

社会风气在潜移默化地影响着我们的孩子。现在，父母在养育与保护孩子方面遇到的挑战的确是与过去不同了。

调查显示，当今儿童性早熟在以每5年0.5岁的速度往前推进，这跟不断的刺激有没有关系？当然有，这些刺激对于孩子的性早熟有很大的助推力。我们当然很难逆转整个社会的风向，但最起码我们能给自己家的孩子、邻居的孩子一些有益的帮助。

记者：问题是我们这一代父母基本都没从自己的父母那里接受过性教育，所以从何教起是个棘手的问题。

赵豪：这就是为什么性教育是父母的必修课的原因。很多时候我们认为性是不能讲、不能说的，但性侵不会因为我们不说就不存在。

孩子在问“我是从哪里来的？我是怎么出生的？”这些最基础的问题的时候，有些父母会斥责孩子“这有什么可问的？”或是随口说“你是要来的，别问了”。父母们可能想不到，这样的回答会给坏人可趁之机——“你看你妈都告诉你你是捡来的，你是要的吧？要不你妈怎么会经常批评你？为啥批评你，因为你不是她亲生的！叔叔爱你，叔叔关心你……”这样的后果不堪设想。

2019年韩国的N号房事件是一个超过26万人的集体网络性犯罪事件，相当于每100个韩国男人中就有1个施害者，就是1%的比例，实际情况可能还超过这个比例。性侵是世界性的问题，我们很难想象有多少孩子在哭泣！

网络时代，性侵儿童的犯罪更是无孔不入，比如经常会有人加你为网络好友，加你之后干吗呢？给你发黄色图片，然后说想看的话你交多少钱，我给你网站。

有个人加我的微信，他说：“赵老师你还记得我吗？”然后他又说：“赵老师，最近我这边有很多刚到的茶叶，挺好的，有时间你过来喝茶。”我想不起来他是谁，就客套几句：“行，太感谢你了，祝福你生意越来越好，回头我要路过，就去你那边喝茶去。”

他说：“我们都是新到的茶，可好了，最有名的就是绿茶，你啥时候过来？”我说：“等去的时候，我就跟你联系，最近比较忙。”他又说：“我的茶都是新到的，真的特别好，要不我先发给你看看。”

我觉得有点不对劲儿了，就说：“行，发过来吧。”你知道他发的是什么吗？发了编号为1号、2号、3号、4号、5号的女孩子的照片，这就是他说的新到的绿茶。大家知道吗？这些人无孔不入，孩子们会不会也遇到他们？

我遇到过一个真实的案例。这是一个高一的男孩子，发烧，一查是艾滋病，妈妈问他去过小诊所输液吗？他说没有；去献过血吗？他说没有；跟谁发生过性关系？他说也没有。

后来他说：“妈，你别问了。”其实孩子知道自己做了什么才得了这种病。

父母们一定要有危机意识，千万不要让孩子在无知的情况下受这种无法挽回的伤害。我每次在做论坛的时候，都会找一些受害者进行现身说法。我会让他们戴上大墨镜和口罩，头发罩起来，声音也要用变声器做变化。这是一种保护，因为一个孩子被伤害之后，后面往往还会跟着一系列的伤害。

孩子在哭泣，我们不能再向孩子的伤口上撒盐。看到孩子被伤害的新闻，多数人只是在朋友圈里骂一骂，好像这些事离自己很遥远。很多父母没有认真想过，究竟能做什么来保护孩子，使其不受伤害。

你愿意静下心来学一学如何保护自己的孩子吗？很多父母可能是有意愿的，但是却不愿意付诸实践。

我曾经听说，原来的人贩子拐卖幼女是卖给另外一家当女儿，而现在有些人贩子却直接把幼女高价卖给那些心理变态扭曲的人，甚至形成了利益链条，有的人负责去骗，有的人负责去卖。还有一些孩子，为了拿到钱享受，主动把自己的身体卖掉。

父母不教育孩子，不做好保护孩子的措施，孩子的处境就可能极为危险。

不知道你注意到没有，公布的数据中有这样一条——性侵案中熟人作案占比70%多。父母们千万不要忽略了这一条。我们来看一看2017年南京火车站一名年轻男子公然猥亵未成年女孩的案例。女孩管这个男孩叫哥哥，其实与他们同行的还有两名成年人，是男子的父母，而女孩则是他们的养女。同一年，在重庆某医院一名中年男子当众猥亵一名女童，整个过程中女孩一直都在玩手机，无反抗情绪。经调查，此男子是女孩的姑父。很多性侵案是熟人所为，这一点父母们一定要小心。

性教育的重点在哪儿？

记者：您认为性教育的重点在哪里？

赵豪： 我认为儿童性教育的重点是性心理的教育。性教育包括性生理和性心理教育，性生理大家很容易明白，我们很多时候去医院检查或咨询，问的多数都是性生理方面的问题。学校也会开展生理卫生教育，就是从性生理方面给孩子讲相关知识，以及如何保护自己的隐私部位。

而性心理呢？就是你从心理上对于性的认识。很多人的性心理并不健康，甚至从小被灌输的有关性的思想就是不正确的。有一些单亲妈妈会向孩子强调这个世界上没有一个好男人，男人都是为了得到女人的身体。这样的教育下，孩子的性心理就会受到错误认知的影响，认为所有男性都是不可信任的。

如果孩子的性心理不健康，其将来的婚姻也很难幸福。此外，性伦理道德，也是一个不能不讲的话题。去年我们就接到过一个救助申请，是父亲性侵自己的儿子，这类性侵事件挑战了人类的伦理道德。

另外，流行文化也在不断突破底线。以前穿衣服讲究的是得体，现在讲究的是个性。某城市一个加油站做活动，请模特穿着比基尼给车主加油、洗车。我曾经看到过一个消息，说是国外某个儿童性教育电视节目，请各年龄段的代表裸体上台，现场几十名小学生坐在下面。儿童性教育就是要让孩子看裸体吗？显然不是，何况台上还有一位女士很骄傲地说："我10多岁就发生了性关系。"我觉得这不仅不是性教育，反而可以说是一种性侵害。

性开放正在不断挑战人们的底线，孩子们的性观念也在不断地突破底线。同时，同性恋的时尚化和流行化，也带来了艾滋病隐患和传统家庭的解体。

对于这一切，父母们持什么态度呢？大部分人觉得此事离自己的生活很遥远，事不关己、高高挂起。曾经有一个妈妈对我说："赵老师，我不害怕，我们家无所谓。"我问："为啥？"她说："赵老师，我们家孩子是男孩。"

这种盲目的自信何其危险！

第一，男孩子一样会受到侵犯；第二，男孩子也会得各种性病。何况将来有一天你儿子要娶媳妇，会娶什么样的女孩你不担心吗？没有人能独善其身，大家生活在这个世界上是息息相关的。

如果整个环境变得危险，你的孩子无论是男孩还是女孩，都面临同样危险。好比在一个饥荒的年代，你有吃的并不安全，冯小刚拍的电影《1942》就展现了这一幕——饥荒的群体当中，有粮的人一定会更危险。所以，父母如果希望孩子有健康的性心理，就要重新建立自己对性的健康认知。

我们要为保护孩子去发声，不仅保护我们的孩子远离伤害，也保护我们身边的孩子远离伤害。这也是我这几年一直在全国做讲座，推动“保护孩子远离性侵害”课的原因，希望大家都能参与其中。

记者：是否可以这么理解，没受过性教育的父母，也可以借着帮助孩子，自身得到成长？

赵豪：是的，父母借着帮助孩子，自己也会成长与改变。举例来说，在传统的家庭中，父母通常会认为孩子是不可以问与性相关的问题的。当孩子问起相关问题时，父母会斥责孩子，这会让孩子觉得“

性”是污秽的，从而会对性产生偏见。也有的父母不知如何回答孩子，当孩子问到这个话题的时候不回应，因为父母觉得自己对于性的认知都是有偏差的，怎么可能给孩子正确的回答呢?

现在有一些性教育夏令营，把青春期的孩子们聚在一起，男孩女孩一起接受性教育，我觉得这是很不合适的。青春期的孩子本身性冲动就很强烈，把少男少女聚在一起讲性生理、性心理，搞不好会起反作用。

那么谁给孩子讲最合适呢?我们来给父母做培训，父母给自己的孩子讲是最合适的，而且最好是由同性来讲，比如妈妈给女儿讲，爸爸给儿子讲。

如果男孩子比较小，妈妈也可以讲，但当孩子到了青春期，妈妈讲就不合适了。不是说妈妈会有啥想法，而是这里面有伦理道德问题。这个年龄的孩子身体趋向成熟，可心理还不成熟，性冲动也是很强烈的。我们不要把自己和孩子放到试探当中去。而且，父亲性侵女儿的惨剧也发生过，所以，我们不能低估人性的复杂和软弱。

孩子陷入色情的背后

记者：您说的这些，很多父母可能想都没想过。想想我们自己的成长经历，好像没被怎么管过，不也长起来了吗？

赵豪：虽然都长大了，但每个人的状况是很不一样的。原生家庭对一个孩子的影响，可以说是终生的。

一个家庭能够给孩子最大影响的阶段是在孩子0—12岁。这个阶段里的黄金阶段又是什么时候？是3—7岁。在这个时间，父母要抓住一切机会影响孩子，因为这个阶段孩子还会问你“为什么”，等到了青春期，孩子还会问父母吗？可能不了，他自己到网上查去了，或者找小伙伴们讨论去了。

当他去网上寻找答案时，会找到什么？鱼龙混杂。孩子能从网上得到健康、正面的性教育吗？日本有一个拍色情片的女演员，在中国拥有许多粉丝，她到上海出席活动，台下挤得水泄不通。狂热的追随者尊称她为老师，为什么？因为他们的性教育是看她的色情片启蒙的。

父母们想一想，你愿意让你的孩子跟着色情片影星去了解什么是性吗？可能你说我不会教，但你可以学习，为了孩子你也要去学习如何去教。孩子小的时候你不从正面教育他，孩子长大了就会跟着别人去学习，那时候你就真该头痛了。

大家不要觉得这些事离自己很遥远，我给大家讲一个真实的案例。在东北，有一位爸爸找到我，要跟我聊一聊。他说："我实在是开不了口，但我也不知道能找谁，该怎么办。"然后他就跟我聊起自己的女儿，一个漂亮但被娇惯坏了的女孩子。孩子上初中，爸爸比较疼爱她，妈妈比较严厉，所以她愿意向爸爸敞开心扉，聊聊心事。

青春期的孩子，一般放了学、吃完饭都喜欢把自己关在房间里面，这个女孩儿也是。有一次爸爸经过孩子的房门前，发现门没有关严，有一条缝。一般爸爸妈妈都想看看孩子在做什么，是不是在学习，结果这个爸爸看到的画面让他非常震惊，他看到自己的女儿正看着黄色视频在自慰。

这个爸爸后来发现女儿进入了一个QQ群，这个群和韩国的N号房很像，进到里面的都要拍裸照，上传自己的视频，大家你看我的，我也看你的，这个爸爸特别震惊。

我跟这个爸爸说，从儿童性教育的角度，爸爸不适合跨性别对孩子进行教育，最好是让孩子的妈妈进行疏导，也不要当面去揭穿。

我建议妈妈对孩子进行疏导时，先要理解她，理解她正常的性冲动，再讲什么是危险的。这个爸爸说："我妻子可厉害了，她要知道的话，会拿着刀杀人的。"

我说如果她这么冲动的话，还真不能让她知道。他说："肯定不能，我妻子特冲动，动不动就拿刀的，我都害怕。"我说："那这样吧，你跟你妻子说，我邀请她参加咱们的课程学习，好吗？"

他说这个可以，后来他们夫妻两个就一起参加学习，一点一点地学习亲子课、婚姻课、儿童性保护课，当她最后对课程内容产生认同的时候，我们才委婉地提到了那件事。

因为有了之前的学习，所以当她知道真相时虽然震惊但也没太冲动，也学习着去关心自己的孩子，并反省了自己以前经常恐吓孩子的行为。当孩子缺乏安全感，就会生活在一种不安的状态中，会通过寻求性快感来慰藉自己。

青春期的孩子进入了同伴影响阶段，更想寻求同伴的认可，因而同伴关注什么，也会对他产生影响。

我建议这个妈妈：“你可以多陪孩子一起运动，让她多出出汗，一起去逛逛街、谈谈心，当她在心理上能感到家庭的温暖时，就不会那么依赖性的快感了。另外也要告诉她学会控制性的冲动，身体健康的男性和女性都会有性的冲动，但是有性的冲动不代表立刻就要去发生性关系。如果是这样的话，社会不就乱套了吗？学习控制性冲动，会使孩子觉得自己有力量。”

记者：您讲的这个案例中，女孩儿不敢和妈妈说出自己的真实想法，这种情况在现实生活中应该是很多的。如果孩子有什么问题都敢问父母，是不是就可以尽早得到疏导？

赵豪：是的，父母应该鼓励孩子多向自己提问，包括与性相关的问题。那父母该如何回答呢？总的原则是：如果孩子问了，父母就不要躲闪，要正面和孩子讨论这个问题；如果父母回答不了，可以寻求帮助，千万不要敷衍过去。如果孩子去其他地方寻找答案，而不是从你这里得到答案，你想想你能踏实吗？

有的父母会担心，如果讲了，孩子会不会去模仿着做呀？其实，不谈不讲，恰恰会让孩子更觉神秘，更想去一探究竟。有个故事讲的是，一个老师正在教室里给小朋友上课，校长出现在门口，这个老师就赶紧跑过去，问校长有什么事，校长给了他一个大信封，然后转身就走了。

老师拿着大信封走回讲台，把大信封往讲台上一放，说："没什么事，咱们继续学习。"下课之前，老师总结学习内容，结果发现后半堂课，就是校长来了之后的部分，学生基本什么都没记。原来，孩子们的眼睛全都盯着那个信封，都在好奇里面到底是什么？

孩子的好奇心理是非常强的，几乎所有的孩子都会问妈妈："我是从哪里来的？"其实这是个很好的问题，如果妈妈不告诉他，或者随便编段故事哄哄他，妈妈以为过去了，其实孩子天天都会想这个事！有时候他还会把父母告诉他的谎话当真，很长时间陷在里面出不来。

我小时候就问过这个问题。我家是个大家庭，我问了这问题后爸爸回答我说："你是捡来的。"然后他们就哈哈大笑。我听了信以为真，很难过。我哥小时候特别淘气，我爸总打他，打得还特别狠。我看见我爸打我哥，就吓得躲到床上，用被子蒙着头。我想，我哥是亲生的，我爸还那么打他，我是捡来的，那犯了错肯定会被扫地出门。

于是我从小就谨小慎微，一点儿错也不敢犯。我真的认为我是父母捡来的，不然他们为什么会哈哈大笑呢？他们一定是在笑话我。我努力做个好孩子，但真的觉得自己很累。其实当所谓的善意的谎言被孩子识破后，善意也会变得虚伪起来。真诚地对待孩子是个明智的选择，所以我不建议去骗孩子，这样做会破坏亲子之间的信任。孩子会对你所说的话都产生怀疑，觉得你说的很多都是在骗人，不再相信你了。

父母如果不回答孩子，疑问始终在孩子心里，他可能还会去其他地方问。比如我的一个朋友，小时候问父母自己是从哪儿来的，父母不说，他就去问姑姑，他觉得姑姑肯定会跟他说实话啊！结果姑姑跟他说："你是捡的。"还编得有鼻子有眼儿的："捡你的时候姑姑还抱过你呢，那时候你可小了。"

我朋友就真的信了，从此他就认定他是被捡回来的，父母每一次管教他，他都特别痛苦，因为他觉得自己不是父母亲生的，所以父母才下狠手。他盼着快点长大，好赶紧离开这个家，离开这个一点儿都感受不到温暖的地方。

如果孩子知道自己是在被亲生父母批评，再怎么不高兴也不会难以接受，因为他和父母的关系还是很紧密的。如果孩子认为自己不是父母亲生的，就会有另外一种感觉，会特别伤心、特别孤独。

如果你知道自己的父亲脾气不好，不管怎样他是你父亲，就是这个脾气，一辈子可能就这样，你还是会接纳他的，因为你们在一个纽带上，有亲密关系的基础。

所以我们千万不要对孩子说谎话，这个谎最后很难圆回来。还以我那个朋友为例，后来他爸爸告诉他说“你不是捡的”，但每当父母批评他的时候，他脑海中就会浮现出姑姑说的那段话。这个问题纠缠了他很多年。

还有一种误解是父母觉得孩子早晚会明白，不用多说：“你看我从来没给孩子讲过儿童性教育，孩子不也长大了、结婚了，还生了个大胖小子吗？这课有必要讲吗？”

人的七情六欲是不需要教的，无论男性还是女性，到一定年龄就会产生性的欲望和爱的欲望。但如何来经营一个家庭？如何保护好自己？如何引导自己的孩子？这些却真的需要学习。让学校、老师教给孩子这些吗？作为父母，你是最合适的人选！

回到生命的起初

记者：小孩子最常问的一个问题是："我是从哪里来的？"父母该怎么回答好呢？

赵豪：对于这个问题，有的父母很会编故事："你看《西游记》里孙悟空从那个石头缝里一蹦就蹦出来了，你也是这样出来的！""看到咱家旁边那块地了吗？妈妈在那边刨地的时候，听到有个小孩在哭，就抱回来了，那就是你！"

这些话小孩可能真信！这使孩子和父母之间出现一种断裂的关系。随着长大，孩子突然明白是怎么回事，会觉得一直都被糊弄，白白纠结了那么多年。

那父母该如何回答孩子提出的这个问题呢？一定要遵循循序渐进的原则，就是不同的年龄段给他讲不同的内容，不要不讲，也不要过早讲，要适时适度，要符合孩子的认知年龄，解决孩子当下的问题就可以，不要主动给孩子提供两性活动的细节。选择好的绘本引导孩子，也要避免与传统文化冲突，要学会耐心等待孩子成长。

如果3岁的孩子问："我是从哪里来的？"你就告诉他："你是妈妈生的。"然后向他表达爱就好了——"你是妈妈生的，你是妈妈的小宝贝，妈妈多么爱你！"儿童性教育要放在表达爱上面，这是孩子最需要的。

到4岁左右，孩子可能会问："妈妈，我是从你肚子里的哪个地方来的？"如果你是剖宫产，你甚至可以让孩子看伤口，孩子可能就会问："妈妈你疼不疼？"这又是一个表达爱的好机会。"当然疼了，你想想你手上破一个小口子都会疼，妈妈有这么大的一个口子，肯定疼呀！"孩子会心疼妈妈，这个时候你就要话锋一转："但是当妈妈看到你时，这点儿疼就算不了什么啦！妈妈多开心啊，盼了那么多天，终于看到你啦！"

如果是顺产，妈妈可以告诉孩子："妈妈的身体里有一个叫产道的隐私部位，当你在妈妈的肚子里面越来越大，到了要出生的时候，医生就把你接出来了。医生把你包得好好的送给我看，我一看，哇！

多么可爱的小宝贝！”这又是在对孩子表达爱。

到孩子五六岁的时候，他可能问妈妈：“我是从你肚子里面生出来的，那我是怎么进到你肚子里面去的？”这个问题很多妈妈不知道怎么回应，为什么？因为这关系到婚姻关系中的性话题。如何跟孩子讲？我们可以借助好的绘本，利用亲子阅读时光来解答孩子的困惑。

这里特别提醒父母一定要选择好的绘本跟孩子一起读，不要随便找一本就跟孩子讲。包括电视节目也要仔细选择，因为信息良莠不齐。用人体摄影给孩子讲人体行吗？不合适。因为人体摄影太真实太具象，包括人体雕塑、医学挂图，对孩子来讲都是不合适的。我们说性教育其实是爱的教育、生命的教育，而人体摄影、雕塑、挂图里面缺乏爱与生命的传递。

记者：如果父母的回答不能满足孩子的好奇心，又该如何引导呢？

赵豪：有的小孩子会满足于父母讲的这些，有的小孩子可能会追问：“妈妈，我能不能看一看我出生时的那个通道？”能不能让孩子看呢？女孩可以看吗？男孩呢？你可以告诉孩子，那是妈妈的隐私部位。隐私部位是不可以让别人看，不可以让别人摸的，包括自己的孩子，无论是男孩还是女孩。如果孩子非要看，甚至哭闹，能让他看吗？不可以，这是一个界限。让孩子学习遵守这个界限，他就知道了不可以侵犯别人的界限，而别人也不能侵犯他的界限。

隐私部位指的是哪里？可以告诉孩子就是背心裤衩覆盖的地方，这些地方不可以给别人看和摸。那其他地方呢？如果你看到一个女孩子挺漂亮，上去就拉她的手，行吗？当然不行。这同样也是一个身体界限的问题。要告诉孩子，除了不可以随便看和摸别人的隐私部位，也不可以随便触碰别人身体的其他部位，人与人之间是有身体界限的，尊重这个界限，相处起来才会融洽。

妈妈和孩子之间也要尊重彼此身体的界限。当孩子断乳了，就要慢慢转移他的注意力，不让孩子再依恋妈妈的乳房。孩子再大一些，就要告诉他这是妈妈的隐私部位。

同样，对于身体还没有发育的小女生，无论在游泳馆还是其他场合，包括在家里，都要提醒孩子穿得不要太随意，不能露出隐私部位。为什么呢？因为要从小培养孩子的隐私意识。

另外，夫妻间的性话题也不可以跟孩子讲，因为那是夫妻间的隐私。回答孩子关于性的问题时要适度，孩子已经满意了，不再问了，跑开玩去了，就不要再拉着孩子继续讲了。

作为父母，回答孩子的问题时一定要坦然，如果你脸红脖子粗、吞吞吐吐，孩子就会很诧异。没准备好，就先别讲，先去好好准备，才能坦然回答孩子的问题。

父母一定要正面回答孩子对性的疑问，不然孩子会想办法自己寻找答案。我们救助过一个十多岁的女孩子，正值对性好奇的青春期，不敢问父母，就跑到手机店去跟老板闲聊，老板给了她一些黄色视频。后来，这个手机店老板和女孩子发生了性关系。

所以千万不要让孩子到外面去寻找答案，因为孩子很容易受到伤害，给孩子性教育是父母该做的，不要推给外人。

记者：您说的这些性教育理念，我们在传统家庭中可能从来没有接触过。而且，这与中国人的习惯也会产生冲突。我们该如何面对这些冲突与挑战呢?

赵豪：是的，与传统理念的冲突肯定会有的。比如有一些老人会有一些老观念，他们觉得“什么性教育，什么隐私部位，你们不都是光着屁股长起来的，不是好好的吗？”这种情况下，你就没必要非当着老人的面给孩子讲。

过去，孩子很大了还穿开裆裤。有一年我表弟结婚，一个亲戚带的孩子好几岁了还穿着开裆裤。我提醒他这样不雅观，可他说开裆裤多好，想尿的时候随时可以蹲在地上尿。我说这是在城市，住的是酒店，哪能让孩子随地大小便呀！他不以为然，我也不好再多说了。

后来有个小插曲把我笑坏了，那孩子找其他小朋友玩，一个小朋友说："我们不跟你玩。"那孩子一脸疑惑地问："为啥？"小朋友认真地说："因为你露了小鸡鸡，我们不可以露小鸡的！"

我们没有办法去说服老一辈父母，但可以从自己做起。从我们这一代开始，要有意识保护孩子的隐私。我还看到过一条新闻，父母把女儿小时候光着身子的照片晒在网上，他们的意思是孩子小的时候多可爱啊！可女儿看到后特别生气，怎么能把我一丝不挂的照片晒出去呢？太丢人了！

传统习惯中对于"我是从哪儿来的"这个问题的回答，可能会给孩子造成自卑的心理；而恰当的回答，会使孩子觉得自己是重要的，是独一无二的。

我有一个学员跟我讲过，她妈告诉她说："你是从粪堆里面捡出来的，那时候你满身都是大粪……"这句话使这个女孩子嫌弃自己很多年。她说小时候老想把自己洗干净，觉得自己太脏了。她觉得很自卑，为什么别的孩子都是妈妈生的，自己却是从大粪堆里面捡的？

恰当的回答应该是：“你是妈妈生的，你是妈妈的宝贝，你是独一无二的。”这样的回答会使孩子产生价值感，会使孩子感到被爱和满足，也会让孩子跟父母产生紧密的连接。反之，善意的谎言会带来孤独感、隔离感和陌生感。如果孩子觉得自己是外人，在家中就会感到紧张不安；如果孩子能正确得知自己的身份，就会觉得爸爸妈妈是爱我的，就算犯了错误，爸爸妈妈批评我，我也还是他们的孩子，我的存在是有意义的。

孩子处于对性不断的探索当中

记者：谈到性，很多人都会觉得这是一个令人尴尬的字眼，如果父母碰到孩子在谈论这方面的话题，该如何面对呢?

赵豪：不管父母愿不愿意承认，孩子都在悄无声息地探索着性，这是生命的一部分。6岁前的孩子会玩认知身体的游戏，比如男孩之间比较生殖器的大小，比比谁能尿得更远，等等。当孩子玩这些游戏时，不要误以为孩子心理不健康，更不要认为孩子低级下流。

6岁之前的孩子还喜欢玩角色游戏，比如过家家，你当爸爸我当妈妈，衣服里塞个毛绒玩具当宝宝，或者玩医生与病人的游戏、结婚的游戏，等等。

曾经有个妈妈给我打电话说："赵老师你能不能帮帮我？我儿子小小的年纪就干一些低级下流的事儿，长大了怎么办？"我请她具体描述一下孩子的情况，她说她上幼儿园的儿子经常摸自己的小鸡鸡，当着其他小朋友的面也这样，太丢脸啦！

我告诉她别太担心，这是孩子在探索自己的身体。男孩会，女孩也会。无论是男孩还是女孩，无意中在摩擦自己的隐私部位时产生了快感，慢慢就会有这种习惯。

孩子这样的行为，和品格无关，也不能就此说孩子心理不健康。父母不要给6岁前的孩子贴这样的标签，孩子是承担不起的。当然，如果孩子的这种状况比较严重，是要引起注意的。

那么父母如果看到6岁前的孩子玩探索身体的游戏该怎么办呢？你只要提醒他："宝贝，你的小手很脏，那个地方很娇嫩，如果这样对待它，它会发炎，你会生病的。"

孩子不会总玩认知身体的游戏，过了这个年龄段就会慢慢被更大的世界吸引，去探索更多的未知。所以与其阻拦孩子探索身体，不如引导孩子探索大自然，参加更多的体育活动，调动孩子的求知热情。

有一个案例，是一个妈妈带着孩子去邻居家串门，大人喝茶聊天，孩子楼上楼下捉迷藏、过家家。孩子玩着玩着就没声音了，大人很奇怪，上楼去找，一推开门，发现俩孩子都脱得光光的在被窝里。妈妈脸涨得通红，大声呵斥："你们干吗呢？"孩子显然受到了惊吓，说："我们玩过家家呢，他演爸爸，我演妈妈。"

其实遇到这种情况大人不要反应过度，要知道孩子是在玩体验性别角色的游戏。父母不要当面呵斥孩子，可以平静地把孩子叫到一边，告诉他（她）："隐私部位是不可以随便给别人看和摸的。"

在这里，我想强调的是，父母的性生活一定要避开孩子。一旦孩子看到父母的性生活，这种记忆在孩子的脑海当中是挥之不去的。

记者：嗯，我注意到您不断提到要培养孩子的隐私概念，这对保护孩子远离性侵害是很重要的一步吗？

赵豪：是的。我们不能阻挡孩子探索性，但我们可以引导孩子树立保护自己的意识。好比我们看到6岁前的孩子玩与性相关的游戏，我们知道这是孩子成长阶段的正常现象，不要羞辱和打骂孩子，也不要用道德评价去绑架孩子。父母要做的是让孩子明白性活动的界限，既要保护自己的隐私部位，也要尊重别人的隐私部位。

同样，性是夫妻之间的隐私，夫妻两人可以在孩子面前表达爱，但不能有性的行为，因为这也触犯了隐私的界限。

借着对隐私部位的提醒，我们也是在一次又一次地帮助孩子树立保护自己的意识。有个家长跟我讲过她女儿的事。那是一个友人间的聚会，也是大人们在一起聊天，小孩子们在一起玩，后来小孩子们都跑开了，剩一个大哥哥和她女儿在屋里。这个大哥哥就让她女儿脱了衣服，把她压在身子下面。小女孩后来跟妈妈说，她很害怕，但她不敢反抗，也不敢告诉妈妈，而且，这样的事已经发生了几次。

后来，妈妈发现女孩子有了自慰的习惯。这正是性侵之后的问题，当孩子受到侵犯后，后续会产生一系列的问题，可能是自慰，也可能是找异性发生关系。

这个时候父母或是外人又很可能会给孩子贴一个标签：不检点。

我们还救助过一个女孩，12岁，留守儿童，爸妈都在外地打工。她被同村的一个老头性侵，刚开始她很害怕，也不敢吭声。这个老头每次性侵完了女孩之后，就给她买好吃的，也给她一点儿零花钱。后来慢慢地，这个女孩长大了，身体开始发育了，对于性也有一定冲动了，就开始习惯和享受这种性的关系。

后来小女孩怀孕了，爸爸妈妈回来勃然大怒，问清楚之后找到这个老头，结果老头死也不承认。这一家人就做了一个决定，让女孩把孩子生下来，所以这个女孩十几岁的时候就生下了第一个孩子。

孩子生下来了，也做了亲子鉴定，确实是那个老头的。老头最后受到了应得的制裁，但女孩在当地待不下去了。我们资助女孩，给她找了一所学校，让她去上学，她父母也在学校附近租了房，妈妈给女儿看着孩子，爸爸找了一份在学校食堂做饭的工作。这一家人貌似重新过上了正常的生活，可是后来呢?

女孩跑到手机店找老板要黄色视频，然后又和老板发生关系。不久，这个女孩又在网上认识了一个自称有身份有学识还有钱的男子，又和这个人发生了关系。后来这个男子跟女孩说你到我这儿来吧，别上学了。这个男子花言巧语包养了女孩，一家人一起去了南方，没多久，女孩又和这个男的生下了第二个孩子。

这个男子是真心爱这个女孩吗?当然不是，没多久一家人就抱着两个孩子离开了南方。一个错误的开始，造成后面一系列的问题。现在这个女孩已经20多岁了，我们还在帮助她，希望她不要再沉沦下去。

孩子询问与性相关的问题时，父母不要回避，不要把孩子推给外人；不要骗孩子，骗孩子会带给孩子带来扭曲的自我认知，还有关系的障碍。

6岁前的孩子会玩认知性别的游戏和体验性别角色的游戏，父母不要把孩子的这种行为上升到道德层面，要引导孩子确立健康的界限、隐私的概念。

父母有责任、有义务保护好自己的孩子不受到性侵犯。一旦孩子被性侵，后面就会产生一系列的问题。我们曾在北京建立了一个救助机构，专门帮助遭遇性侵的孩子。机构的管理非常严格，是严禁男士进入的，地点也是保密的，长期在那里服务的工作人员和志愿者都是经过严格筛选的专业人士。使这些被伤害的孩子获得康复，既是一个漫长的过程，也是一个复杂的难题。

孩子的性健康包括哪些方面？

记者：什么样的性生理和性心理发展才算是健康的呢？

赵豪：0—6岁孩子的性发展，首先是性器官的健康发育。父母要留意这个年龄段孩子的身体发育是否正常。比如小儿疝气就很常见，要及时就医。

另外，父母如果发现孩子的身体发育明显提早，也要及时就医，可以使用一些药物进行控制。

促使孩子早熟的原因有很多，食品安全就是一个方面。比如大量食用催熟的水果就有可能导致孩子性早熟，所以我们在这里提醒父母们要注意，最好让孩子吃应季水果、应季蔬菜。

记者：这是性生理方面的健康，性心理方面的健康包括哪些呢？

赵豪：这是个很重要的问题。首先，性心理的健康是性别意识的健康发展。

孩子在3岁左右就能有意识分辨出自己是男孩还是女孩，也会慢慢按照自己的性别特质去发展。3岁以前，男孩女孩在一起玩，没有什么男女的概念，但3岁以后就会出现女孩在一起玩，或是男孩在一起玩的现象。小女孩可能还会跟妈妈说："给我也戴个耳坠吧！"因为她看到妈妈戴耳坠了。孩子会去模仿和自己性别一致的人，小女孩模仿最多的就是妈妈，看见妈妈穿高跟鞋，也要试试穿高跟鞋是什么感觉，还有的小女孩偷偷把妈妈的口红找出来，在脸上乱涂。这些都表明孩子的性别意识在慢慢形成，是自然健康的。

父母要帮助孩子树立健康的性别观念，而不是扭曲的认知。我听到过一个爸爸开玩笑说："我儿子多好的一副贪官样，将来多贪钱，多找女人，多给老爸争光……"这个爸爸可能觉得自己是在调侃，但实际上他在给孩子传递错误的观念。从性别意识的角度来看，他的意思就是女人如衣服，多找几个女人，就显得牛气。这是对另外一个性别的歧视。

还会有一些父母随便开玩笑说：“我儿子可优秀了，以后把你家姑娘给我家做儿媳妇吧！”也有朋友跟我开玩笑说：“赵老师你女儿这么漂亮，嫁给我儿子吧……”这种玩笑其实是没有意义的，小的时候孩子不懂，等稍微大一点儿，孩子会觉得特别难为情。所以我就跟朋友说：“我不喜欢开这种玩笑，也不希望你跟我的孩子开这样的玩笑。”

其次，健康的性心理也包括正确的性观念和自我保护意识。如不可以随意暴露自己的隐私部位，以及尊重他人的隐私部位等，父母要教孩子不要在公开场合露出性器官，换内衣裤要回避他人。

要让孩子觉得性是美好的，不是羞耻的。父母也可以在孩子面前得体地表达对彼此的爱慕，这会使孩子有安全感，并觉得爸爸妈妈表现出身体上的亲密是很自然的。慢慢地，孩子也会知道婚姻里的性是美好的，应该是被期待的，性是父母彼此相爱的一部分。

夫妻彼此相爱，是爱孩子最好的方式。可能你们家不富有，但是夫妻关系稳固，一家人其乐融融，对于孩子来说这就是最幸福的。若是一家人住着大别墅，却天天争吵，孩子会感觉特别痛苦。

那么，在孩子面前表达爱，有没有尺度呢？有的，这个尺度就在于你表达的是爱，而不是性。所以同样是拥抱和亲吻，这里面的意思可能是不同的，孩子会捕捉到这里面的不同。所以夫妻在孩子面前要表达爱而不是表达性。

有的父母在家穿衣服不得体，洗完澡光着身子就跑出来了。或者是经常在家里面穿得很少，这个也是要注意的。我们反复强调：父母要有隐私和界限意识，也要教孩子有隐私的概念，如果父母在家里面光着身子跑来跑去，孩子也不会有隐私的概念。

记者：您刚才提到性别意识，那么孩子对自身性别的认同或否认，是受先天还是后天的影响呢?

赵豪：一个正常的孩子，3岁左右就对性别有了稳定的理解和认同。性别意识和角色的发展主要来自父母的教养和自身的学习。父母如果按照孩子的性别特质去引导孩子，男孩就会接纳自己是男孩，女孩就会接纳自己是女孩，

有些家庭特别想要儿子，父母会把女孩当男孩养，女孩慢慢长大了就会有许多困扰，不喜欢自己的性别，很难接受恋爱和婚姻。反之，把男孩当女孩养，结果男孩成了女孩样儿，这也是不合适的。

如何帮助男孩拥有男孩特质、女孩拥有女孩特质呢？其实最好的引导就是按照孩子的性别特点去赞赏。

最好的引导就是赞赏。比如对女儿说："今天妈妈看到你把房间收拾得特别整洁。"赞赏男孩的时候，可以说："你真勇敢！"想培养男孩的阳刚之气，可以赞赏他坚强、勇敢、有责任、敢担当，越以这些特点赞赏男孩，男孩就会越往这些方向发展。

我姑姑家有两个儿子，从小我姑就让他们俩帮着烧火、炒菜、洗衣服，很多活都干。我小时候觉得我姑太严苛了，别的小孩都在玩，他俩却总要干活。

后来我们都长大了，我发现我姑家的两个儿子都特别懂事，有担当。我姑和姑父去外地工作，我表弟在家边上学边照顾奶奶，家里家外收拾得利利索索。后来我表弟参军，在部队表现也特别优秀。

我表弟眼里有活，也不怕自己多干活。转业后他来到北京，从餐厅服务员做起。

他当服务员特别认真，不偷懒，还学其他技能。后来他又去做销售，去大厦里敲门推销信用卡。因为他真诚又勤快，别人都愿意找他办。一段时间之后他又开始做保险，业余时间考了保险代理人资格证。我跟他说："你做保险可不好做，你人生地不熟的，外地人在这边做保险太难了。"他说："哥，我其实没想着做保险，学做保险是想了解金融。"后来他真的进入金融领域，一点一点做起来。

现在表弟是一家公司的总经理，公司有几十名员工，新冠肺炎疫情前他在北京的四环刚买了一套房。无论发展得多好，他每次到我家依然勤快地帮我干活，出门前将房间都打扫干净，提着垃圾出门。

从我表弟身上我看到，男孩子小的时候让他有一些承担，多训练他，长大之后真的大有用武之地。

所以要夸男孩子“有担当、负责任、勇敢坚强”，要赞赏女孩子“温柔、体贴、有亲和力”。

男人天生是要负重的，所以从小就要给男孩子挑战，让他有事做，要不然他就会给你找麻烦事。

记者：这个案例很有意思，原来性别角色的认知还会影响到孩子以后的婚姻生活，您可以再举个例子吗？

赵豪：其实这样的例子挺多的。男孩子成家立业，在家里面承担责任，工作上也会有责任心，家里家外忙前忙后，他会越来越有成就感，也越来越有担当。很多父母爱孩子，什么也不让孩子干，那孩子只能玩手机、看电视，等着做好饭给他、端来洗脚水给他，这样的孩子长大、结婚后，还会是等着吃饭，等着人伺候。

这时矛盾就出来了，妻子越嫌丈夫什么都做不好，丈夫就越逃避，不愿意承担责任。怎么办？聪明的妻子会鼓励丈夫，给他担子，慢慢培养他的责任心。我们想一想，如果丈夫做了80%的家务，妻子做20%就行了；如果丈夫只做了10%的家务，妻子要做的就是90%。

我刚结婚的时候，也不会做饭。有一次买了一条鱼，我想今天不要妻子动手，我来做。我兴冲冲地按自己的想法先煎一下，又放到锅里去蒸，忙活半天端上了桌。

当时我有点激动，很希望被鼓励一下，又怕被说。果不其然，妻子吃了一口，就啪地把筷子往桌子上一放说：“好好的一条鱼都让你给做坏了！”她不吃了，一摔筷子走了，我当时相当尴尬。

试想我累了一中午，又是杀鱼，又是收拾又是做，没捞着一句肯定，还说我把鱼浪费了，可以想象我多难受。从那天开始相当长一段时间我都不进厨房，她不做饭我出去吃，她做饭我就吃。男人就是这样，妻子越批评越不干。

爱的五种语言里面，第一种叫肯定的言辞，妻子如果看见丈夫在家打扫卫生了，别上来就说：“看你弄得一点儿都不干净！”如果妻子说：“老公你今天可真辛苦，在单位上班挺累的，回来又打扫卫生，真是辛苦了！”丈夫听了心里会暖暖的，他觉得自己得到了理解。夫妻之间就怕妻子一遇到什么问题，就要去攻击丈夫："你怎么这么不靠谱！"事实上妻子越说丈夫不靠谱，丈夫就会越不靠谱。最后的结果会怎么样呢？谁告诉他"你真靠谱"，他就愿意跟谁在一起。有一个案例，某男士来自农村，找了一个城市的女孩，这个女孩特别有优越感，觉得丈夫不如她，后来这个男士和家里的保姆好上了。

两人办理离婚时，妻子问丈夫："我真不明白，这个保姆是比我长得好看，比我学历高，还是比我挣钱多？"丈夫说："因为在你眼里我啥都不是，在她眼里我就是天。"大家要记住，人都是需要被尊重的。

“跨性别”的迷思

记者：您怎么看“跨性别”现象？

赵豪：我认为父母要从孩子小的时候开始培养其自身的性别特质，让孩子从小就认同自己的性别，发展出自己的性别特质。

性别意识决定性别角色。孩子刚出生，很多父母问的第一句话就是“男孩还是女孩”？这是生理性别，是生下来就注定的。另外还有后天形成的心理性别，比如在内心对自己生理性别的认同。

我们每一个人生下来都是独一无二的，都是美好的。如果我们不喜欢，甚至拒绝自己原本的样子，就会痛苦纠结。

那么如何培养孩子的心理性别呢？第一就是接纳自己的性别。孩子一般到两岁左右才能意识到不同的性别，同时开始分辨和模仿与自我性别相一致的特征。

一个妈妈告诉我她十几岁的女儿特别彪悍，不像个女生，她希望女儿能温柔一些。我一看这个妈妈就像个小伙子一样，头发比我的都短。我建议她："如果希望女儿更像个女孩儿，您先试试说话慢一点儿，温柔一点儿，打扮女性化一点儿。"

她笑了，说："我都习惯了，主要是干活方便。"我说："您如果想让孩子发生改变，就要先从改变自己开始。"孩子天天跟着父母，性别认同从哪里来？当然是从爸爸妈妈那里学来。当然女孩子也有豪爽的，男孩子也有安静的，性格不同是正常的，这里说的是对性别的认同与后来的学习有关。

记者：如果孩子不认同自己的性别，会怎样呢？

赵豪：性别角色的发展有两个关键时期，一个是两三岁的幼儿期，另一个是青春期。孩子三岁就开始有了对性别稳定的理解和认同，到了青春期，生理和心理开始有明显的变化，比如男孩子开始长胡须、声音变粗，女孩子来例假、乳房开始发育，等等。如果在这个阶段孩子的性别认同是混乱的，我们就把它称为性别认同障碍，就是指一个人在心理上无法认同自己生来具有的性别，相信自己应该属于另外一个性别，比如男人觉得他应该是女性，女人觉得她应该是男性。

性别认同障碍会产生什么问题，会有怎样的后果呢？我们要正视这种障碍，它通常会有三种后果：第一，因为具有复杂的性取向，就会出现与同性或异性乱交的现象；第二，因为对性别认知产生错位，会导致这类人群需要不断在性活动中确认自我，在和异性或同性发生性关系的过程中寻找肯定；第三，保持跨性别特征需要坚持服药，会导致身体激素分泌失调。

记者：现在的流行文化中，似乎男孩女性化，或者女孩男性化成为一种时尚，对此您怎么看？

赵豪：咱们先来看看为什么有些男孩会女性化，女孩会男性化。先来说说男孩女性化。如果父亲在孩子的教养中缺位，孩子只能跟着妈妈，妈妈又比较柔弱，那么这个男孩子慢慢地就会受妈妈女性特质的影响，变得越来越像女孩子。

我有一个朋友就是跟着妈妈长大的，我记得他有一个习惯性的动作，就是像女孩子那样撩头发。我问他：“你头发也不长，撩它干吗？”他说习惯了，自己也不知道为什么这样。

如果母亲在教养男孩的过程中大包大揽，父亲没有插手的机会，那么这个男孩子也可能变得唯唯诺诺，或者不愿意承担责任，或者什么事情都要听妈妈的。

如果男孩缺少获得认可的机会和方式，比如父母不让他干这个干那个，还经常打击他，他就会变得比较怕事，缺少男子汉的担当和阳刚之气，无论遇到什么事，他都不敢去承担，因为他没有安全感，他要把责任都推到别人的身上——这不是我的错，都是别人的错。

如果男孩在受教育过程当中缺乏男性老师或者男性长辈的榜样引导，也会产生女性化倾向。前些年有个研究，力图探讨到底是什么原因造成男孩子越来越缺少阳刚之气。研究结果说是因为幼儿园都是女老师，男孩子都是在女性的培养下长大的，所以长大之后很多男孩会有点儿女性化。后来就有人大力提倡男性当幼儿园老师。

我记得我就读的学校里面也有幼师班，幼师班里面真有一些男生，但这两年还是越来越少，好像社会上提倡男性从事幼教工作的声音也渐渐没了。为什么呢？幼儿园阶段的孩子没有自我保护的能力，吃喝拉撒都在幼儿园里面，所以很多时候男老师是不合适的。此外，男老师性侵幼儿事件的发生也是导致男性很少从事幼教工作的原因。

记者：有解决的办法吗?

赵豪：最好的办法是在家里培养孩子正确的性别意识。父母是孩子最重要的老师，不能把孩子的教育完全推给学校，尤其是性教育。父亲要负起自己在家庭中的责任，母亲要懂得给父亲机会，父母不断成长的同时，孩子也会健康成长。

男孩女性化也罢，女孩男性化也罢，社会文化的影响也是不容忽视的。大众对中性文化的推崇让孩子们感觉很酷很时尚，“我的野蛮女友”成了酷的代名词。娱乐媒体的推崇使中性成为潮流，男孩变得阴柔，女孩变得强悍。

现代女性在工作岗位上越来越多地承担着与男性相同的工作，同时还要照顾家庭，被逼成为“超人”。

我辅导过一个妈妈，她四五十岁，在工地工作。我以为她在工地可能就是干一些杂活，她说不是，建大楼时她也和男性一样爬到楼顶。我不敢想象一个女子要爬到那么高的建筑上面，可这个妈妈说：“真的，一半都是女的。我们每天坐车一个多小时去工地，建一个大型商场。”

女性现在承担了很重的工作，可是再累，回到家还得照顾家庭，照顾孩子。家里家外，女性都得扛起来，要比男人还能干。

有的在单亲家庭长大的女孩，特意要让自己显得强大，才不会受他人的欺负。在争吵的家庭环境当中成长起来的女孩，为了能早日离开家，也在不断让自己变得更加强大。

我们有一位女性学员，从小生活在单亲家庭里。在农村，妇女独自抚养孩子是很难的。这个女孩大一点儿之后变得非常强悍，谁敢欺负我们家没男人？我比男人还要狠！

不论是男孩女性化还是女孩男性化，不健康的家庭环境都难辞其咎。我们要给孩子一个稳定的家庭氛围，让我们的孩子能健康地成长。

记者：那么父母怎么做，才不会导致孩子产生性别认同障碍呢？

赵豪： 不要跨性别抚养，男孩当男孩养，女孩当女孩养。不要在言语和行为上有歧视，不要用贬低异性的方式让孩子接纳自己的性别。

有的父母会说：“你看，只有女孩才爱哭鼻子。你是男孩，别那么脆弱！”这样说就有性别歧视的语意。还有的父母因为自己家是男孩就觉得比别人优越，这也是不健康的态度。

那么小孩子想要穿异性的服装可不可以呢？比如一个小男孩看到一个小女孩穿了一件漂亮的裙子，就跟妈妈说：“我也想要穿裙子！”妈妈可不可以让他穿一下试试呢？单纯的好奇跟游戏类似，你让他试试，满足了他的好奇心，游戏就结束了。相反，如果你神神秘秘地拒绝或是训斥他，反而会激发他进一步探索的欲望。

同样的，女孩看到男孩站着尿尿了，就说：“我也想站着尿尿！”可以吗？可以的，如果是在家里，就让她试一下，尿一裤子，换了就是了。她知道站着尿不行，下回她就不试了。

小男孩和小女孩一起玩好不好？男孩女孩从小经常在一起玩耍，长大后心理是很健康的，因为他们对异性不好奇了。从小很少与异性接触的孩子，长大后反而会对异性特别好奇。

男孩女孩一起玩有没有界限？当然有。我们要反复告诉孩子隐私的概念，尽量让一群男孩女孩一起玩，还要关注孩子们玩的游戏，父母也可以参与或组织健康有趣的游戏。

性伤害，不像你想得那么简单

记者：性伤害就是严重的身体侵犯，是这样吗？

赵豪：性伤害包括身体接触的和非身体接触的。强奸是最严重的一种性伤害，除强奸之外，还有诱奸、猥亵及非身体接触的性伤害，比如向儿童暴露生殖器官，在儿童面前手淫，对儿童进行性挑逗，给儿童看黄色录像、书籍、图片，等等。这些非身体接触的行为也属于性伤害。

还有，当着孩子的面谈论儿童不宜的性话题，讲黄色段子，也会对孩子造成伤害。在家里面夫妻开不合宜的玩笑，让孩子听到了，也会对孩子造成性伤害。在孩子不愿意的情况下强行亲吻孩子，也是非常不合适的。

我曾经遇到过一个五六岁的小女孩，和妈妈一起生活。这个女孩有一个特点，不喜欢让女性抱，但喜欢让男性抱。她每次见到我，都想坐在我腿上。我说："叔叔在开会，你先去玩吧。"但她一会儿又来了。

后来我很小心地跟她妈妈说，要提醒下孩子不要养成这种习惯。她妈妈说："因为孩子没爸爸，她很渴望有爸爸，她知道爸爸是男性，所以很渴望让男性抱抱她。"我听了心里很难受，我们都会关心孩子，但是身体的界限还是要注意。

后来我又遇到这个小女孩，她又跑过来让我抱，但快跑到我身边的时候，她就站住了。她说："我想起来了，我妈妈告诉我说，打招呼就行了，不用抱了。"

另外，父母的性生活一定要避开孩子，在孩子小的时候要让孩子单独睡自己的床，然后再慢慢地和孩子分房睡。有的父母自以为聪明，觉得孩子睡着了，做什么孩子都不知道。但我们都知道睡觉是时醒时睡的，有时候孩子闭着眼睛，但未必是睡着的。让孩子看到父母行房事，也是一种性伤害。

记者：父母应该如何做，来保护孩子免受性伤害？

赵豪：这是一个很重要的话题。首先，教导我们的孩子不可以让别人看自己的隐私部位，更不可以让别人触摸(包括熟人、亲戚、异性父母)。有的家长说这还需要教吗？需要，你不教孩子未必知道。

告诉孩子，如果有人摸了他的隐私部位，要尽快告诉父母。有些父母在教育孩子方面比较严苛，导致孩子因害怕而什么都不愿意跟父母讲，这种严苛其实是一种失败。

另外，如果医生要检查孩子的隐私部位，父母一定要陪同。通常在医院里一个男医生单独给一个女孩子做检查的话，一定要有成年人陪护，或者有护士在旁。

父母要告诉孩子，如果有人想摸你的隐私部位要勇敢地拒绝，但不要激怒对方，给自己带来生命危险。有时候一句话就会激怒侵犯者，比如“我记住你了”。罪犯最害怕的就是这句话，你记住他了，他不就完了吗？所以要有智慧地去应对。总的原则是：生命是最宝贵的，不要以丧失生命为代价。

告诉孩子，如果遭到坏人挟持时，谁能先跑谁就跑，千万不要长时间逗留去救另外的人。因为只有有人跑出去报警，其他的人才有机会获救，如果没人逃掉，可能所有人都活不了。我们坐飞机的时候，飞机起飞之前都会播放一个安全须知视频，里面也讲到，如果遇到特殊情况，氧气罩会自动脱落，氧气罩脱落之后，你先要自己戴好，然后再帮你身边的人戴好，这个身边人也包括你的孩子。

平安成长比成功更重要，背心裤衩覆盖的地方不许别人碰，小秘密要告诉妈妈，不喝陌生人的饮料，不吃陌生人的糖果，不与陌生人说话，遇到危险可以打破玻璃、破坏家具，遇到危险可以自己先跑，不保守坏人的秘密，坏人是可以骗的……这些道理虽然简单，但孩子未必知道，包括很多成年人也没有自我保护的意识。

有些女孩子喜欢去酒吧一条街，喝酒、蹦迪、跳舞，喝到什么都不知道……她们不知道有一群人就在酒吧门口蹲着，等机会找醉酒的女孩发生性关系，之后再把这些女孩扔出去。等女孩醒了之后，根本不知道遭受了谁的侵犯。

我记得看过一篇公众号文章，讲几个人一起去酒吧喝酒，喝多了之后各自散去。有一个落单的女孩边走边吐，被几个老外——按着流行的说法就是等着“捡尸”的，扶到了他们的车上。这一幕正好被一个做代驾的大姐看到了，大姐上去拦住这群人，说：“你们认识她吗？”这几个老外用英语说：“我们认识，这是我们的朋友，她喝多了我们要把她送回家。”

这个大姐说我感觉你们不认识她，几个老外就开始骂这个大姐，这个大姐说：“你们说的我一句也听不懂，你们也别给我矫情，我都报警了。要不然你们等警察来，要不然你们赶紧给我走。”这几个人一听报警，吓得赶紧跑了。

就算这样的新闻天天播，依然阻挡不了年轻人对刺激的追求。

记者：您说的这些，父母是想都告诉孩子，可孩子不听怎么办？

赵豪：所以我们一再说，既要有良好的亲子关系，又要有恰当的管教。没有好的亲子关系，再加上不恰当的管教，就会使孩子越来越叛逆。良好的亲子关系是基础，所以父母一定要多花时间陪伴孩子。

据研究，爸爸对育儿的参与程度越高，孩子的智力就越高，适应力就越强，性格就越宽容，越富有责任感。对男孩而言，父爱使男孩更加独立；对女孩而言，父爱奠定了她对异性的看法；对小宝宝而言，父爱缺乏，孩子容易烦躁不安，睡眠不好，不讲道理。

如果你的孩子是男孩的话，爸爸就是他效法的榜样；如果你的孩子是女孩，更重要了，因为你的女儿将来找对象会按着爸爸的样子去找。

我们思考一下，孩子受到了侵犯，为什么不敢告诉家长？家长应该如何面对孩子遭遇的性侵犯呢？孩子不敢告诉家长，就是因为他不知道告诉家长后会看到什么样的脸色。可能很多父母不能接受孩子说出的真相，所以孩子就不敢说，不敢说反而让坏人更加猖狂。

家长应该如何面对孩子遭遇的性伤害？孩子是一个受害者，你要接纳他。无论这个孩子什么样，他都是你的孩子，你应该告诉他，家里的门是永远向他敞开的。

青春期孩子的困惑与挣扎

记者：青春期的孩子最让父母头疼。家有青春期的孩子，父母要面临什么样的挑战?

赵豪： 不了解青春期孩子的特点，父母就无法与其对话。青春期的孩子，身体在快速发育，心理也在变化和躁动，早恋、叛逆、过早发生性行为，都是家长面临的挑战与课题。

父母要了解，青春期的孩子在性生理方面有很大变化，身体由儿童向成年人过渡，这时性心理的健康要与生理的发育同步。青春期的孩子要认识到，生殖器官是人体重要的器官、决定性别的器官、繁衍生命的器官，与健康密切相关。

0—9岁是性潜伏期，9—18岁是性发育期，18—55岁是性成熟期。9—18岁的孩子性器官虽发育但尚未成熟，所以不能过早有性行为，过早的性行为会对身体造成伤害。一些男孩女孩随便发生性关系，甚至随便堕胎，这些行为对自己、对他人都会造成伤害。

记者：父母在哪些方面可以为青春期的孩子提供帮助?

赵豪：当孩子即将进入青春期的时候，父母要帮助他们做好心理准备。有些女孩子月经初潮，还以为是身体生重病了，如果妈妈可以提早告诉孩子可能会出现哪些身体变化，孩子就可以更顺利和坦然地接受这一变化。

男孩子也需要性生理发育知识的普及教育。我记得我小时候，有一天去卫生间时吓得不行，因为我看到了好多血。我就去问妈妈，我妈就笑一笑说没事。后来我才慢慢知道原来女性是要来月经的。所以妈妈要和小的孩子说一说这件事，讲清楚了，孩子就不会有恐惧和猜疑。

我有一次做讲座，有一些从外地赶来上课的学员，我发现有个20多岁的女孩子走路很慢，需要用手扶着楼梯栏杆，走一走停一停。我问她怎么了？她说自己身体不好。

后来讲到相关内容的时候，她分享说自己来自农村，初次来月经的时候完全傻了，心理压力特别大。她不敢问父母，就默默地忍受着，自己找点布垫上。她的青春期就是这么过来的，充满恐惧。

她来月经的时候会感到燥热，想吃凉的，就去买冰棍吃。没人告诉她女孩月经期间是不宜吃生冷食物的。女孩目前最大的压力就是身体不好，对象见了好几个，结果人家一听她的身体状况就都回避了。女孩现在特别后悔，小的时候如果懂一点儿基本的生理知识，也不至于把身体搞成这样。

别小看青春期的小问题，处理不当可能就会成为一个严重的大问题，父母一定要关注青春期孩子的生理和心理状况。

还有一些青春期的女孩子习惯性地含胸驼背，为什么？因为她们觉得胸部发育是一件很尴尬的事，所以就缩着，慢慢从含胸变成驼背。

我比表妹大几岁，我姑上班比较忙，就让我替她去开家长会。大夏天热得要命，我却看到表妹还穿着长袖校服，又肥又厚，其他女生也这样。我问："你们不热吗？"

其实学校发了短袖校服，这些女生是因为身体发育了觉得不好意思，故意穿着肥大的衣服，还觉得越肥越好。妈妈要告诉女儿，身体发育是美好的，不需要遮遮掩掩。

对男孩青春期生理变化的教导，是需要爸爸去做的。我记得我在上初中的时候出现了遗精，这本来是进入青春期的一个标志，但当时我不知道这是咋回事，以为自己尿床了，觉得特别丢脸，很长时间之后我才知道这不是尿床。

记者：嗯，青春期的孩子如果得不到正确的性教育，就很容易被色情引诱，尤其是在网络时代，对此您怎么看？

赵豪：青春期本来就是一个动荡的时期，对家庭教育来说，既有危险，也有机会。我上中学时住在一个亲戚家，亲戚家就在学校旁边，有一个特别大的院子，就像北京的老四合院一样，里面住着不同的人家，是一个杂院。

有一天有人叫我去看电视，我说不看了，明天还要上早自习，初中学习很忙。我看到好多人都在院子里看，有人悄悄告诉我这是一个我从来没看过的片子。这个人比我大几岁，已经辍学，他跟我说是黄色录像。很多男孩都跑过去了，我知道许多男孩子的“性教育”就是这么开始的。

我上初中的时候，也有班里的女生长期在外面跟人厮混。在此，我要特别提醒有青春期孩子的家长，只要你和孩子有好的亲子关系，你的价值观就能影响孩子。如果你和孩子的关系不好，周围同伴的声音就会影响孩子。

万一孩子失足了，还有希望吗？有的。只要父母愿意放下自己的面子，无条件地接纳孩子，孩子就有回头的机会。所以，“危机”里面是包含着“生机”的。

送给青春期孩子的父母

记者：在性生理、性心理健康发展方面，您能给青春期孩子的父母一些实用的建议吗？

赵豪：父母有时候确实不知道该怎么帮助青春期的孩子，不知道有些话该不该说、该怎么说。很多习惯是从小培养的，比如教导孩子正确清洗生殖器官，每天勤洗勤换衣物等。从小培养，到了青春期，孩子已经形成了习惯，就不用父母唠叨了。

有的父母说："我家是男孩儿，洗不洗干净问题不大。"父母也要从小培养男孩仔细清洁生殖器官的习惯，不然将来会给伴侣带去疾病。妇科疾病是目前女性健康的一大杀手。青春期的男孩女孩养成一个清洁卫生的好习惯，就是在为未来做准备。

有一些关于妇科疾病的调查显示，以色列女性患妇科疾病概率比其他地区少，这与以色列男性有关。男性的生殖器官是封闭式的，不容易感染和生病，但是女性的生殖器官是开放式的，很容易感染疾病。

青春期的孩子要懂得基本的性生理知识，能够判断自己的生殖器官是否正常。有的女孩子一直不来月经，父母要引起关注，及时就医，及早发现问题。

青春期的孩子还应该学会用正确的方式清洗和保护性器官。卫生间里面，不仅要放卫生纸，还要放湿厕纸。卫生间用的湿厕纸比较厚，能够清洁得比较彻底。

青春期的孩子也要接纳自己的性感觉，对异性有感觉是正常的、健康的。拿我做例子，我从小到大是以“好孩子”自居的，等到了青春期的时候，我竟然看到女孩子就想入非非。我就特别痛恨自己，怎么会有这么龌龊的想法呢？觉得这都是坏人的想法，所以很长时间我走路都低着头。

其实我们要让孩子了解，这种性感觉是自然的，不是坏的，如果到了青春期，甚至到了成年，对于异性一点儿喜欢都没有，可能还得去看医生，检查一下身体是不是有什么问题。

要教导青春期的孩子保护自己的隐私部位，其实这在孩子很小的时候就要教。我女儿小时候洗澡，要爸爸妈妈都在，这样有人给她拿着玩具，可以边玩边洗。我就告诉她爸爸是男生，爸爸不能给她洗澡，也不能看她洗澡。她刚开始不乐意，但慢慢就习惯了。等她稍微大一点儿，每次洗澡前，她都会跑过来跟我说："我要洗澡了，你是男生，你不能看我洗澡！"所以，从小培养孩子的隐私意识，懂得家庭中人际关系的界限，到青春期就会顺利很多。

当然，父母也要告诉孩子，人会有性冲动，但也有控制性冲动的能力，不能因为你有性冲动就赶紧去找一个异性发生性关系。

青春期的孩子要初步具有控制性冲动的能力，不在公共场所随意谈论性话题，不在公共场所暴露生殖器官，懂得保护自己不受性伤害，性活动回避他人，这些都是青春期孩子要了解的一些基本内容。

记者：当父母与青春期孩子对话时，孩子常常会表现出很不耐烦的样子，父亲应该如何和这个阶段的孩子沟通?

赵豪：孩子进入青春期，心理会有明显的变化。身体的快速发育与心理的半成熟现状之间的矛盾，想要独立与精神依赖之间的矛盾，心理闭锁性与开放性之间的矛盾，成就感与挫折感的交替，以上种种都会导致青春期的孩子情绪不稳定。这个年龄时而暴风骤雨，时而风平浪静，青春期的孩子有时会觉得自己长大了，是一个成年人了，有时又觉得自己是个孩子。遇到事的时候就躲在父母身后，没有事情的时候就把自己当成一个小大人。青春期的孩子实际上就是一个矛盾体。

这个年龄段也进入同伴影响阶段，遇到问题会向同龄人寻求答案，而不是去向父母咨询。顺利的时候，他热情洋溢；挫败的时候，他消极、低沉、孤独、压抑。

这个年龄段的孩子常常会说一个字："烦！"父母问他为什么烦，他可能不愿意聊，因为他觉得父母不理解他。如果你的孩子还愿意跟你说很多，你就感恩吧！我记得有一个妈妈跟我说："赵老师，我孩子跟我说的很多事都吓着我了，那些想法太奇葩、太不成熟了！"我跟她说："你的孩子还愿意跟你交流，你真的要感恩，要倾听，这说明他信任你。"有多少孩子不愿意和爸爸妈妈说话啊！孩子放学了，妈妈讨好似的说："宝贝回来了！"得到的很可能是冷漠的一声"嗯"。问："想吃啥？"回答："随便！"再问："今天学习怎么样？"还没等妈妈说完，孩子房间的门就关上了。很多妈妈跟我讲不知道孩子整天关在屋里干啥，有时候听见屋里面咯咯笑，敲门问问有啥高兴的事？得到的回答是“没事”。

妈妈们问我：“为啥孩子总是对我那么厉害，对别人不这样？”因为青春期的孩子情绪本身就不稳定，总担心你会干涉他，他并不是讨厌你，妈妈也不用太敏感，更不用自责。

青春期会出现性好奇和接近异性的欲望，但环境和舆论的限制又使青春期的孩子不得不压抑和掩饰这种欲望，如果因此受到指责和非议，他们会承受极大的压力，可能产生严重的冲突甚至离家出走。

青春期之前，小孩子对异性没有那么好奇，甚至有时会排斥异性，男生就跟男生玩，女生也是这样。但是到了青春期，慢慢就有接近异性的想法了。如果是一群青春期的男孩女孩在一起玩，有人说谁和谁谈恋爱了，谁喜欢谁了，被说的男孩或女孩会特别生气，因为他们还不成熟，特别容易冲动。

父母要多理解这个年龄段孩子的心理压力，不要故意激怒他们。

一些父母关心的敏感话题

记者：父母该如何对待孩子的早恋呢?

赵豪：现在，高中生、初中生，甚至小学生，都存在早恋现象。对于早恋，拦是没有用的，但有一点管用，就是良好的亲子关系。父母和孩子的关系好，孩子就会听父母的建议，受父母的价值观影响。所以，建立良好的亲子关系是极为重要的。再就是帮助孩子建立目标和方向，有目标有方向的孩子，不会天天只想着谁对我有什么印象，谁会不会喜欢我。孩子从家庭中学到的婚姻观和审美观，也会影响他的选择。

父母要常常向孩子表达无条件的爱。孩子都是很敏感的，当他察觉到父母对他的爱是有条件的，而且经常会批评他指责他，那他就会在家里面有紧张不安的感觉，就会渴望去外面寻找一份亲密的关系。

那么要不要给青春期的孩子设定界限呢？比如不能和异性单独约会，不能在外面留宿等，这些界限是需要的，是在保护孩子，不要让孩子处在可能存在危险的环境中。

父母和孩子要保持顺畅的沟通，要给孩子说话的权利。梁山伯与祝英台的故事大家都知道，为什么两人如此生死相依呢？从某个角度讲这是被父母逼迫的结果，父母越逼他们，他们的阵营就越坚固，两人越要抱团在一起。所以父母对孩子越严苛，孩子在外面就越容易结成更加坚固的阵营。

记者：父母如何对待青春期孩子自慰的问题？

赵豪：我们之前说过，当孩子没有更感兴趣的事情，精力和情绪又需要释放，又没有很好的性教育启蒙，可能就会用自慰的方式去缓解性冲动。

我上小学的时候，经常会路过录像厅，那里面会放映一些儿童不宜的片子。许多男孩子的性教育都是这样启蒙的。

其实很多男生或女生都有过自慰，有的人心里可能因此会有很大的负担，觉得这是件很羞耻的事，会在其中挣扎，这种长时间的挣扎会影响一个人的心理健康。

总体来讲，长期频繁的自慰，肯定对身体与心理健康是无益的，因而是不被提倡的。若非要说这是一个多么大的错误，也没必要。但人长期陷在负罪感当中却是不好的。

有一个比喻说得很好，当我们在海中行船遇到暗礁的时候，我们无法除掉它，但我们可以等海水长起来的时候，再行船通过。所以，当一个人整体的生命状态好起来的时候，这个“暗礁”就自然不成为问题了。我们很多时候盯在某个问题的表面，却忽略了一个人深层的需要。

当然，我们不提倡自慰，尤其是不注意清洁的自慰，因为这种行为可能引发一些疾病。但通常情况下，如果自慰并不过度，也是没有坏处的。

孩子如果沉溺自慰，原因可能是什么？缺乏父母的陪伴与关注，没有安全感，享受不到更高级的精神愉悦，父母关系不和睦，等等，都会使孩子逃避性地向自己的身体寻求安慰。

所以父母没有必要将自慰看得太严重，更没有必要强行干涉。有个爸爸很有智慧，他发现了儿子的自慰行为，但他什么也没说。儿子信任爸爸，就跟爸爸说自己其实挺痛苦的，想借助这个来释放压力。爸爸说："我理解你。儿子，我希望你不被这个习惯控制，但如果你做不到，就一定要注意卫生。"

父母要体谅孩子的软弱，因为我们自己也是这样子走过来的。虽然道理都明白，但做不到的时候很多，孩子更是这样。

记者：您如何看待青少年婚前性行为?

赵豪：青少年过早进入性关系，是危险和错误的开始，既可能产生意外怀孕、患上性病等严重的问题，也会对未来的婚姻产生影响。

人工流产会给女性的身体带来伤害，可能会影响其以后的生育，还可能带来妇科疾病。

艾滋病更是潜在杀手。从1981年在美国首次发现艾滋病，到目前为止，它在全球还是不治之症，而且一旦传染，终身携带。仅2020年1—8月，中国艾滋病发病人数为39,349例，死亡人数为11,595人，这些人就分布在我们中间。

所以年轻人结婚一定要做婚前检查。我辅导过一个高中生，孩子感染了艾滋病，孩子妈妈跟我说："我们问医生了，医生说没事儿，只要终身吃药，他和正常孩子是一样的。他将来也能谈对象，也能结婚，也能生孩子。"这位妈妈在朋友圈发儿子照片，附文"我儿子多帅啊"，让我倒吸一口凉气。

培养孩子的品格技能，对于父母来说也是很重要的。什么是品格技能呢？包括说"不"的能力、延迟满足的能力、自控能力等。在面对这些状况时，你的孩子有能力说"不"吗？"如果你爱我就应该跟我发生性关系""性是自由的，不必压抑自己""大家都这样，我为什么不可以"，等等。有很多女孩子觉得"这个男孩子对我好，我得以身相许""我在报答他证明我已经成人了，不再是个孩子了""婚前若没有发生性关系，怎么知道我们是否合适呢？""安全的性行为没有人会受伤，我们的关系已经确定了，结婚只是时间的问题"……这些声音对青少年来说都是挑战和考验。

作为父母，我们要努力让孩子内心的爱箱是满的、充盈的。如果孩子没有安全感，内心的爱箱是虚空的，他就会去外面寻求满足。

尾声

当翻阅到这一页的时候，您已经阅读了本书99%的内容，我也相信您对于此书有了全面的了解和认识。这本书采用一问一答的形式，直击问题本身。语言表达也采用口语化书写，希望每一位读者阅读此书时，都能有像沏上一壶好茶，寻一段悠然时光，畅聊家中故事的感受。

父母是孩子的第一任老师，家庭是人生的第一所学校，塑造着每一个人的三观。中国上下五千年，历来重视家庭教育。北宋时期，有一位叫寇准的孩子，从小丧父，家中一贫如洗，仅靠母亲一人日夜织布勉强维持生活。深夜，母亲常常一边织布一边教小寇准读书，教导寇准做人的道理，帮他坚定刻苦努力的决心。后来，寇准进京考试，得中进士。喜讯很快就传到了家乡，而此时的母亲正身患重病，临终时她将亲手画的一幅画交给邻居刘妈：“寇准日后若是当官，如果他有错处，你就把这幅画给他！”后来，寇准为庆贺自己的生日，大操大办，邀来戏班名角准备宴请群僚。刘妈认为时机已到，便把画交给了他。寇准展开画卷，见是一幅《寒窗课子图》，画上题着一首诗：“孤灯课读苦含辛，望尔修身为万民；勤俭家风慈母训，他年富贵莫忘贫。”寇准再三拜读着母亲的遗训，泪如泉涌。他立即撤去了寿筵。寇准秉公办事，成为宋朝有名的贤相。由此，我们可以看到家庭教育对一个孩子的重要性，它不会随着时间的推移而消失。现代科技的发展造成了更多人与人情感的疏离变化，更加迫切需要家庭教育。

父母都想给孩子最好的，但什么是最好的呢？房子、车子、财产？难道孩子有了这些衣食无忧的资产就会幸福吗？或许未必。人生在世是有特别意义的，一百年或者两百年以后，这个世界不会因为我们曾经吃得好、住得奢华而变得有意义；不会因为我们曾经多么漂亮或者多么有钱而变得不一样。我相信，真正有意义的，是我们曾经给这个世界带来了贡献，带来了温暖。如果您是父母，就好好地养育自己的下一代，让他们成为让世界更加美好的人，对他人有益的人；如果您是老师，请竭尽全力培养您的学生，让他超越您，让他变得比您更加优秀和宽容。

这个世界最难的事情是沟通，永远学不完的功课是关系，最深的伤害往往来自家人，最难突破的生活模式就是原生家庭的模式，一切美好事情的起点也来自家庭……这一切的卡点，其实都在家庭里。我希望每一位读者都能重视家庭建设。就像牵牛要牵牛鼻子，做工作要抓住20%的核心点，家庭教育学明白了，也就解决了人生当中80%的事情。

我把自己多年工作当中的经历和思考呈现给大家，不是我都做到了，而是我也需要成长；不是我来教导大家，重点是我更要提醒我自己；这本书不仅是你们的需要，更是我的需要。通过这本书，让我们一起携手前行，把人生活成一个得胜的旅程！

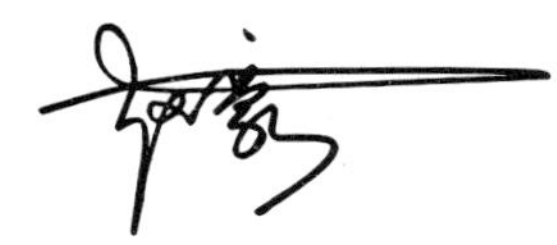